말이 통하는 교사

말이 통하는 교사

지은이 | 이의용
초판 발행 | 2020. 7. 22
8쇄 발행 | 2024. 10. 23
등록번호 | 제1988-000080호
등록된 곳 | 서울특별시 용산구 서빙고로 65길 38
발행처 | 사단법인 두란노서원
영업부 | 2078-3333   FAX | 080-749-3705
출판부 | 2078-3331

책값은 뒤표지에 있습니다.
ISBN 978-89-531-3795-0 03230

독자의 의견을 기다립니다.
tpress@duranno.com   www.duranno.com

두란노서원은 바울 사도가 3차 전도여행 때 에베소에서 성령 받은 제자들을 따로 세워 하나님의 말씀으로 양육하던 장소입니다. 사도행전 19장 8-20절의 정신에 따라 첫째 목회자를 돕는 사역과 평신도를 훈련시키는 사역, 둘째 세계선교(TIM)와 문서선교(단행본·잡지) 사역, 셋째 예수문화 및 경배와 찬양 사역, 그리고 가정·상담 사역 등을 감당하고 있습니다. 1980년 12월 22일에 창립된 두란노서원은 주님 오실 때까지 이 사역들을 계속할 것입니다.

말이
통하는
교사

이의용 지음

교회학교
교사를 위한
22 소통연습

두란노

✳ "어떻게 소통해야 할지
✳ 막막한가요?"

2장
교사의
눈

✳ **"아이들 눈높이에**

✳ **익숙해지고 싶다면"**

3장
교사의
손과 발

✳ **"아이들에게 놀이하듯**
✳ **가르치는 법"**

4장
교사의
무릎

✳ "더 좋은 교사가
✳ 되기 원하는 당신에게"

이의용 교수님은 우리 교단 총회 훈련원의 강사로 몇 년째 좋은 강의를 해 주시는 분입니다. 그동안 〈한국기독공보〉에 연재되었던 '잘 가르치는 교회' 칼럼을 관심을 갖고 애독했습니다. 신문에 실린 글들을 읽으면서, 때로는 밑줄을 치기도 하고 때로는 사진으로 찍어 저장해 두기도 했었는데 이번에 이 칼럼들을 모아서 책으로 출간하신다니 매우 반갑고 기쁩니다.

교수님은 평생 학교에서 후학들을 가르치셨는데, 학교에만 머무르지 않으시고 기업, 교회 교육 현장에도 찾아가 강의하시면서 더 잘 가르치기 위한 고민과 노력을 끊임없이 해 오신 분입니다. 고민의 결과, 그 열쇠가 '소통'에 있음을 깨닫고 이를 위한 많은 프로그램을 개발하여 일반 기업인들 그리고 목사, 장로, 교사에 이르기까지 다양한 이에게 강의해 오셨습니다. 이러한 평생의 고민과 노력을 녹여 낸 《말이 통하는 교사》를 기쁜 마음으로 추천합니다.

이 책은 교회학교 교사들을 위한 눈높이 소통 매뉴얼로 매우 훌륭한 교재입니다. 이론 중심이 아닌 실용서로서 깊이 있는 내용을 쉽게 잘 설명하고 있기 때문에, 교회학교에서 사역하는 교육목사님, 교육전도사님 그리고 현장의 교사들에게 필독서로 권하고 싶습니다. 특별히 다음 세대에 많은 관심을 갖고 있는 교사들이 이 책을 읽는다면, 다음 세대의 고민을 알게 되고 그들과 더 잘 소통할 수 있는 연결점을 찾을 수 있을 것입니다.

김명옥 대한예수교장로회 총회 교육훈련처 총무

잘 가르치는 교회, 무엇보다 '다음 세대'를 잘 가르치는 교회는 모든 그리스도인이 꿈꾸는 교회일 것이다. 저자인 이의용 교수님을 개인적으로 알지는 못하지만, 이 책을 읽는 내내 '이분은 보통 교회학교 교사가 아니시구나'라는 생각을 하게 되었다. 교회학교가 당면한 문제들에 대해 고민에만 머물지 않고 기도하며 대안을 제시하는 저자의 통찰력에 큰 도전을 받았기 때문이다. 특별히 교회학교 현장에서 분투하는 교사들이 더 잘 가르치기 위한 방법으로 '소통'을 제시하고 구체적인 실천 방안을 알려 주는 내용을 읽으면서, 얼마나 오랜 시간 교회학교를 품고 고민했는지 알 수 있었다. 《말이 통하는 교사》는 저출산과 교회 신뢰도 하락으로 어려움 앞에 놓여 있는 교회에게 큰 도전이 될 것이고, 다음 세대의 신앙 교육에 관심 있는 교사들에게는 잘 가르치기 위한 구체적인 소통 방법을 제시해 주는 가이드가 될 것이다.

노희태 온누리교회 차세대 담당목사

교육은 소통이다. 말이 통해야 교육이 이루어진다. 그런데 오늘날 교육은, 학교는 물론 교회와 가정에서도 교사와 학생, 부모와 자녀 사이의 불통으로 인해 위기에 직면해 있다. 이 책은 꽉 막힌 불통의 교육을 시원하게 소통하는 교육으로 변화시키는 책이다. 이 책은 쉽고 간결하다. 그러면서도 깊은 깨달음을 준다. 이 책을 읽노라면 '아하! 그렇지', '맞아! 그렇구나' 하고 자기도 모르게 맞장구를 치게 된다. 가르침에 대한 진부한 설명이 아니라, 가르침에 대한 시각을 새롭게 하는 지혜가 담겨 있다.

또한 살짝 다른 각도에서 현상을 바라보게 함으로써, 관습과 전통에 젖어 과거 방식으로 가르치는 사람들을 새로운 가르침의 길로 인도한다. 이런 점에서 이 책은 교육을 새롭게 상상하도록 만드는 책이다. 마치 동화책과 같은데 그 안에 모든 교육학의 보고가 담겨 있다. 편한 마음으로 즐기면서 읽노라면 저자가 초대하는 '소통하는 교육'에 이르게 된다.

저자는 그야말로 소통의 달인이다. 커뮤니케이션 학자로서, 교육의 소통 전문가로서, 오랜 기간 대학에서 교수들을 위한 교수법을 강의했다. 이 책은 특별히 저자가 교회학교 교사들을 사랑하는 마음으로 쓴 글을 묶은 것이다. 교육 현장에 몸담고 있는 저자가 손과 발로, 온몸으로 쓴 이 책을 한국 교회 교회학교 교사들의 필독서로 추천한다. 소통의 교육을 담당해야 하는 목회자들과 부모들에게도 일독을 권한다. 이 책을 통해 불통의 교육이 소통의 교육으로 변화되기를 소망한다.

박상진 장로회신학대학교 기독교교육학 교수

'교육은 육교'라는 저자의 정의처럼 교회 교육은 하나님과 사람을 잇는, 교사와 학생을 잇는, 세대와 세대를 잇는 육교(다리)여야 합니다. 한국 교회는 지난 백여 년의 시간 동안 육교의 기능을 나름 충실히 감당해 왔습니다. 하지만 시대가 변하고 코로나 사태가 확산되면서 육교는 단절되었습니다. 더 정확히 말하면 교육이 단절되었습니다. 경제학에서 사용하는 '매몰 비용의 법칙'이 말하는 것처럼, 새로운 변화를 도모해야 하는 시점에서도 여전히 교회는 과거에 사용해 성공을 거뒀었던 방법을 버리지 못하고 있습니다. 그 결과 교회 교육은 생기와 활기를 잃어버리고 말았습니다.

이의용 교수님은 오랫동안 교회 교육의 방향에 대해 고민해 오신 분입니다. 이 책에는 교회와 교회 교육을 향한 교수님의 사랑이 듬뿍 담겨 있습니다. 그리고 그분의 사랑의 방법도 알 수 있는데, 그것은 구체적이고 실천적인 방법들을 현장 사역자들에게 아낌없이 나누어 주는 것입니다. 우리는 불확실성이 가중되어 불안감이 커지는 시대를 살고 있지만 이럴 때일수록 본질에 충실해야 합니다. 우리가 무엇을 위해 존재하는지, 무엇을 해야 하는지를 명확히 알아야 합니다.

이 책은 기본적으로 '무엇을 해야 하는지'에 관한 방법론을 다루고 있지만, 신기하게도 그 방법들은 우리를 '존재의 이유'(목적)로 인도합니다. 변화하는 시대에 우리가 무엇을 해야 할지 고민하고 있는 목회자, 교회학교 사역자, 교사들에게 이 책을 추천합니다. 우리에게 맡겨진 양떼를 어떻게 사랑할 수 있을지에 대한 답을 찾을 수 있을 것입니다.

신승범 서울신학대학교 기독교교육학 교수

이의용 교수님은 평생 대기업 임원과 대학 교수, 교회학교 교사로 사역하면서 '잘 가르치는 법'에 대해 고민해 왔고, 그 해법을 소통에서 찾은 후 오랜 기간 교수법 강의를 해 왔습니다. 지난 1년 2개월 간 본보 지면에 '잘 가르치는 교회' 제하의 칼럼을 연재하셨는데 이번에 그 내용을 보완하여 더 많은 분과 공유하게 됨을 기쁘게 생각합니다. 이 책은 실제 현장에서 일어나는 다양한 상황 속에서 학생들 눈높이에 맞춰 즉각 대처할 수 있는 실용적인 레시피를 제공합니다. 더욱이 최근 코로나19로 교회 교육이 더욱 어려워지고 다음 세대가 염려되는 이 시기에,

이 책은 '또 하나의 책'이 아니라 '꼭 필요한 바로 그 책'이 될 것임을 확신합니다.

본보 연재 기간 동안에도 수많은 피드백을 받았던 이 콘텐츠는, 오랫동안 교육 현장에서 온·오프라인 교육을 위해 다각도로 고민한 내용 그리고 교사들이 아이들과 효과적으로 소통할 수 있는 랜선 방법 등을 제시하여 다가온 비대면 시대에 더욱 빛을 발하리라 생각합니다. 저자가 설파한 명강사를 패러디하여 이 책을 정의한다면, 이 책은 명저(明著: 소통을 명확하게 하는 책)이자 명저(鳴著: 울림을 주는 책)이며, 명저(命著: 사명감을 불태우는 책)인 명저(名著: 훌륭한 저서)입니다. 교회 교육 현장에서 헌신하는 교사들뿐 아니라 학부모와 목회자에게도 일독을 권합니다.

안홍철 한국기독공보 사장

교회학교 현장의 커뮤니케이션에 누구보다 깊은 관심을 갖고 있는 이의용 교수님의 《말이 통하는 교사》가 출간되어 기쁩니다. 기업, 학교, 방송, 교회 현장에서 '어떻게 하면 더 잘 가르칠 수 있을까'를 고민해 온 교수님의 소통 철학과 방법론이 지금 한국 교회에 절실히 필요하기에 더욱 그렇습니다. 이구동성으로 한국 교회의 위기를 말합니다. 특별히 교회학교가 직면한 '다음 세대로 신앙 잇기'라는 과제는 한국 교회가 관심을 가져야 할 중요한 영역 중 하나라는 데 이견이 없을 것입니다. 이 시대적 과제 앞에서 교회학교 교사의 역할은 더욱 중요합니다.

저자는 교회 현장에서 경험한 공감적 사례와 상황들을 통해서 교회학교 '교사 됨'의 의미, 자질, 목적, 방법에 대해 바른 진단을 내립니다. 그리고 변화하는 사회, 문화, 미디어 환경 속에서 어떻게 하면 '교사 됨'의 신앙적 정체성을 가지고 아이들과 소통할 수 있는지, 구체적인 예를 들며 해법과 대안을 모색합니다.

특히 코로나19 이후 교회에 도래한 디지털 미디어 생태계 속에서, 교회학교 현장과 교사들이 갖추어야 할 디지털 콘텐츠 이해력과 디지털 미디어 역량의 필요성을 설득력 있게 제언하고 있습니다. 이런 점에서 이 시대의 교회학교가 경청해야 할 긴급하고도 필요한 내용이라 생각합니다. 처음 교회학교를 섬기는 교사들, 오랜 시간 교회학교에 헌신해 온 교사들, 또 현장의 교역자들 모두에게 일독을 권합니다. 이 책이 교회학교의 변화와 부흥을 다시 한번 꿈꾸게 할 수 있으리라 믿습니다.

임성빈 장로회신학대학교 총장

톡톡 튀는 생각, 짧고 명료한 문장 그리고 리드미컬한 편집이 책을 한숨에 읽게 한다. 제시하는 처방은 경탄을 자아냈고, 그 도전에는 가슴이 꿈틀댔다. 군데군데에서 웃음이 터지기도 했다. 추상적인 얘기는 없었다. 저자가 캠퍼스 교육 현장에서 실험하고 검증한 방법들을, 평소 안타까운 심정으로 보아 온 교회 교육에 활용하고자 하는 열정이 책 전체에 가득했다.

'배느실, 엎줄새키, 카페인, 거꾸로 학습, 등짝 축복, 칭찬 샤워, 워킹 스루, 진진진가, 진가가가' 이런 용어들을 들어 보셨는가. 저자는 가르치는 자가 가져야 할 의식과 깊이 간직하고 활용해야 할 방법들을 재미있고 기억하기 쉽게 풀어내고 있다.

요즘 갑자기 불어닥친 온라인 교육으로 교회와 교사들도 당황하고 있다. 여기서 교회 교사들에게 한 가지 질문을 던져 본다. "선생님은 선생님이 맡고 있는 학생들과 '카톡방'으로 소통하고 있습니까?" 저학년이 아니라면 스마트폰의 카카오톡이 생활의 한 축을 차지한 지 오래다. 그런데 이 질문의 답이 "아직"이라면 결코 그냥 넘길 일이 아니잖은가. 저자는 이 책에서 이런 지혜와 열심을 촉구하고 있다.

이 책은 신선하다. 매우 실제적이고 실용적이다. 그리고 온라인과 오프라인을 넘나들며 폭넓게 처방하고 있다. 모이게 하는 것도 힘들고, 모인 학생들을 바로 세우기도 힘든 시대다. 40여 년 전 '어린이교회'로 교회를 개척한 목회자로서 어린이가 줄어드는 교회의 모습에 가슴 아프다. 교육 패러다임을 바꿔야 하는 이때, 이 책이 그런 단초가 되길 기대하며 교회 교육자들에게 추천한다.

임종수 큰나무교회 원로목사

코로나19가 그렇지 않아도 힘겹게 운영되던 교회학교 운영에 큰 타격을 주고 있다. 이제 교회는 코로나19 상황에서 다음 세대 교육을 어떻게 해야 할지에 대한 고민을 떠안게 되었다. 또한 코로나19가 극복된 후에도 결코 예전과 같지 않을 상황 가운데서 교회학교를 재설계해야 할 처지에 놓였다. 오랫동안 교회 내에서의 소통, 말이 통하는 교회를 위해 고민해 오신 이의용 교수님의 책은 바로 이런 교회 상황에 대한 진단과 대안을 제시하고 있다.

이 책의 가장 큰 장점은 쉽게 읽힌다는 것이다. 그래서 목회자부터 현장 교회학교 교사, 학부모까지 함께 읽으며 각 교회의 상황에 맞는 대안을 모색할 수 있다. 책이 쉽게 읽힌다고 해서 다루는 내용이 가벼운 것은 아니다. 급변하는 세상의 흐름을 꿰뚫으면서도 교육학적 전통에 뿌리를 박고 있다. 그러면서 이 내용들을 어려운 이론으로 접근하는 것이 아니라 교회 교육에 당장 적용할 수 있는 구체적인 방법론과 아이디어를 제시한다. 현재 교회가 처한 상황에 대해서도 에둘러 이야기하지 않고 곧바로 핵심을 이야기한다. 그래서 속 시원한 동시에, 몇 가지라도 실천할 수 있도록 안내한다. 다음 세대 교육과 교회학교 교육을 고민하는 모든 분에게 큰 유익이 있으리라 생각하고 이 책을 추천한다.

정병오 오디세이학교 교사

해도 해도 안 되는 이 불통의 시대에, 교회학교가 지식의 '습득'을 넘어 말씀을 '체득'하는 곳이 되기를 원하는가? 성경말씀을 아이들의 주파수에 맞춰 들려줄 수 있는 방법을 알고 싶은가? 저자는 언제나 말과 글을 통해 '의외성'으로 사람들을 화들짝 놀라게 한다. 그의 의식 혁명 작업은 강단에서의 현장 경험이 더해져 매우 풍성해졌다고 생각한다. 그런데 이번에 한국 교회의 절박한 과제인 다음 세대 교육 문제와 해법을 한 권의 책으로 묶어 냈으니 기대가 크다. 과연 이처럼 확실한 교회학교 지침서는 흔치 않을 듯하다.

우리가 당면한 다음 세대 교육의 키워드는 결국 '소통'이라고 생각한다. 하나님과의 소통, 교사와 학생 간의 소통, 부모와 자녀 간의 소통. 이 시간에도 다음 세대와 소통하기를 간절히 원하며 무릎 꿇고 절실히 기도하는 교사와 목회자, 부모들을 향한 '응답'이 이 책에 담겨 있다고 믿는다.

정재원 CBS 선교TV 본부장

교사는 잘 소통해야 한다!

(   ) = ☐

교육이란 무엇일까? 이런 의문이 생기면 사람들은 바로 포털 사이트 검색창 네모 안에 '교육'을 쳐 본다. 그렇지만 다른 사람이 만든 답을 찾아보는 것은 '검색'이지 '사색'은 아니다. 사색은 학습자가 네모 안에 자기 생각을 적도록 하는 것이다. 남의 생각 외워 쓰기, 여러 보기들 중에서 답 하나 고르기 등에 익숙한 이들에게는 여간 어려운 작업이 아니다.

(교육) = ☐ 육교 ☐

그렇다면 교육이란 무엇일까? 필자는 네모 안에 '육교'라고 적어 봤다. '육교'는 '교육'이라는 글자 순서를 바꿔 놓은 것이다. 육교는 사람을 이곳에서 저곳으로 건너가게 해 준다. 교육은 사람을 이곳에서 더 나은 저곳으로 옮겨 주는 일이라고 생각한다. 다시 말해 '좋은 변화'를 만드는 과정이다. 그래서 '교육'을 '육교'라고 정의한 것이다. 그리고 그 육교를 놓아 주는 이들이 바로 교사들이다.

이처럼 '네모 채우기'는 학습자 스스로 많은 것을 사색하게 해 준다. 검색하기보다 사색하게 해 줘야 학습 효과가 크다. 그럼에도 여전히 학교나 교회에서는 누군가가 찾은 길을 학습자의 머릿속에 일방적으로 주입하고 그 내용을 외우게 하는 교수 방식을 당연시한다. 참 안타까운 일이다. 그런 교수 방식이 과연 학습자의 영혼을 새로운 세계로 안내해 줄 수 있을까?

종교(宗敎)나 교회(敎會)에 '가르칠 교'(敎)를 쓰는 것은 종교나 교회가 '가르침'을 중시한다는 뜻이다. 교회는 신자, 비신자 모두에게 하나님의 말씀, 복음을 가르치는 곳이다. 그러니 당연히 잘 가르쳐야 한다. 교회는 "어떻게 하면 더 잘 가르칠 수 있을까?"를 늘 고민해야 한다. 그리고 교사는 "어떻게 하면 더 잘 전달할 수 있을까?"를 고민해야 한다.

그러나 많은 교사가 여전히 교육의 내용만 중시할 뿐, 더 효과적인 소통 방식을 고안하는 데는 관심을 갖지 않는다. 앞 세대 교사들에게 배운 전통적인 방식이 새로운 세대에게 과연 통할 수 있을까?

교회 안에서 스스로 사색할 여유를 주지 않는 것처럼 교회학교의 교육도 여전히 아이들에게 주입하는 방식이 많은 것 같다. 남이 들려준 답은 내 것이 되기 어렵다. 교육의 목적은 삶이 변화하는 것이고, 변화는 소통에서 시작된다. 교사가 아이들의 눈높이에서 먼저 생각하고 말할 때 아이들도 차츰 변화될 것이다.

이 책은 필자가 교육 현장에서 겪은 고민과 대안들을 나눠 보고자 〈한국기독공보〉에 연재한 칼럼을 토대로 교회학교 교사들이 현장에서 적용할 만한 22가지 내용을 선별하고 보완한 것이다. 이 책을 통해 교회학교 교사들이 아이들과 효과적으로 소통하기 위한 구체적인 방법과 아이디어를 얻게 되길 바란다. 아울러 교회에서 복음을 가르치는 이들에게도 작은 도움이 되길 바란다.

1장
. . . .
교사의
마음

"어떻게 소통해야 할지
막막한가요?"

01

당신은
어떤 교사인가요?

∘∘

스스로에게 한번 질문해 보자.
'나는 어떤 교사 유형이고,
무엇을 먼저 갖춰야 하나?'

ℰ 좋은 교사와 PCM 삼각형

교회는 가르치고 배우는 사람들의 모임이다. 그래서 '교회'(敎會)의 한자는 '가르칠 교'(敎)를 쓴다. 가르치는 것을 '교수'(Teaching)라 한다면, 배우는 것을 '학습'(Learning)이라 한다. 가르치는 사람은 교사이고, 배우는 사람은 학습자가 된다.

가르치고 배우는 교수-학습 과정은 교사가 표현하고 학습자가 이해하는 소통 활동이다. 그러나 상호작용이 잘되면 표현하던 사람이 이해하는 입장이 되고, 이해하던 사람이 표현하는 입장이 되기도 한다. 이 과정을 통해 서로 더 많이 배우게 되는 '교학상장'(敎學相長)을 이룰 수 있다.

교수-학습의 소통 활동에서 효과(Effect)에 영향을 주는 세 가지 요소가 있다. 바로 열정(Passion), 내용(Contents), 방법(Methods)이다. 이 세 가지 요소로 각각의 삼각형을 만들어 보자. 삼각형 C는 열정도 있고 전달도 잘되는데 내용이 빈약한 경우다. 삼각형 P는 내용도 좋고 방법도 좋은데 열정이 없는 경우다. 삼각형 M은 내용도 좋고 열정도 넘치는데 전달하는 방법이 효과적이지 못한 경우다. 스스로에게 한번 질문해 보자. '교사인 나는 어느 유형인가?'

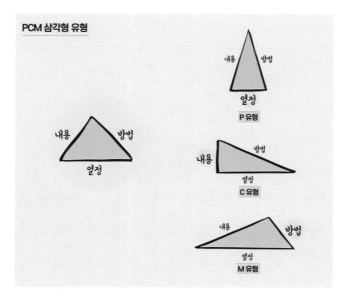

삼각형 C에 해당된다면 사색과 독서를 통해 전하려는 내용의 본질을 더 깊이 이해하는 준비가 필요하다. 여기에는 많은 시간과 노력을 들여야 한다. 삼각형 P에 해당된다면 왜 교사를 하는지에 대한 근본적인 질문이 필요하다. 열정이 부족하면 내용이나 방법도 취약해질 수밖에 없다. 열정만 있어도 안 되지만, 열정 없이는 아무것도 되지 않는다. 교사가 섭씨 100도로 끓어도 학습자에게는 50도도 전달되지 않는다.

삼각형 M에 해당된다면 소통 능력을 향상시켜야 한다. 자기 생각을 다른 사람들에게 어떻게 효과적으로 전달할 것인지 고민하고 방법을 체득해야 한다. 표현의 기본인 목소리, 발음, 속도, 끊어 말하기, 시선, 표정, 몸짓, 도구 사용 등부터 익혀야 한다. 나아가 효과적인 교수-학습 방법을 위한 전문적인 지도를 받아야 한다.

P, C, M의 균형을 이루며 삼각형을 넓혀 나가야 아이들과 잘 소통하는 교사가 될 수 있다. '나는 어떤 교사 유형이고, 무엇을 먼저 갖춰야 하나?' 자문해 보자.

‘아무나’ 교사, ‘어쩌다’ 교사

교사 세우는 일은 중직자를 세우는 일만큼 중요하다.
영성, 인성, 지성을 갖춘 인재를 발굴해서 사회성, 교
육학, 교수 방법을 체계적으로 가르쳐야 한다. 일 년
에 한 차례 교사들을 집합시켜 부흥회 같은 외부 특강
을 듣게 하는 교육으로는 희망이 없다. 교사 스스로 태
도와 역량을 점검하고, 내부에서 동기 부여가 되도록
해야 한다. 또한 자신이 어떤 교사 유형인지 파악하고,
부족한 부분을 채워 갈 수 있도록 도와야 한다.

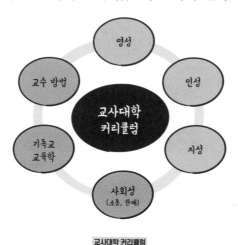

교사대학 커리큘럼

교육은 한 국가의 뿌리와 줄기다. 그래서 우리나라 교사는 국가가 직접 인재를 발굴해 체계적으로 교육시키고, 일련의 자격시험을 거쳐 대통령이 임명한다. 이와 같이 교회에도 체계적인 교사 양성 과정이 반드시 필요하다.

교사 스스로 태도와 역량을 점검하고, 내부에서 동기 부여가 되도록 해야 한다. 또한 자신이 어떤 교사 유형인지 파악하고, 부족한 부분을 채워 갈 수 있도록 도와야 한다.

교회에는 여러 부류의 교사 직분이 있다. 장년예배 목회자와 교회학교 교역자들은 신학대학원에서 양성된다. 그러나 교회학교 교사, 장년부 성경공부반 교사나 다락방 교사 등은 개 교회가 발굴하고 양성한다. 그러니 규모가 작은 교회일수록 좋은 교사 후보자를 발굴해 체계적으로 양육하기가 쉬운 일이 아니다. 그러다 보니 '아무나' 교사로 임명하고 '어쩌다' 교사가 되는 경우도 생겨난다. 이런 교사가 중견 교사 자리를 차지할 경우, 아무리 좋은 교사라도 그 한계를 넘기 어려워진다. 교회학교 부실화가 여기서 온다.

어느 교회의 교사 교육에 강사로 간 적이 있다. 그런

데 담당 교역자가 어려운 부탁을 해 왔다. 어느 집사님이 교회 개척 때부터 20년 동안 교회학교 부장을 해 오고 있는데, 그 사람 때문에 어떤 변화도 시도할 수 없다는 것이었다. 결국 필자가 악역을 맡아 설득해 준 적이 있다.

'붉은 여왕 효과'라는 용어가 있다. 버스 타고 한 시간을 달렸는데 내려 보니 버스를 탔던 그 자리라는 얘기다. 차가 달리는 동안 세상도 달려간 것이다. 우리는 지금 역사상 가장 빠른 혁신의 시대를 살아가고 있다. 교육 환경도 달라지고 학생도 달라지고 있다. 옛날처럼 단지 경험이 많다고 가르칠 수 있는 시대가 아니다. 교회학교 교사는 더 새로운 것을 배우지 않으면 안 된다. 이는 교회 생존의 문제다. 좋은 교회에는 어김없이 공부하는 훌륭한 교사들이 있다.

열심이
전부인 때는
지났다

열심히 일하기도 중요하지만,
똑똑하게 일하기도 중요해졌다.

ᏞᏞᏞ 속력보다 방향을, 열심보다 방법을

어느 중학생이 주일예배에 나오지 않았다. 예배 후 담임교사가 카카오톡으로 문자를 보냈다. "OO야, 오늘 교회에 안 나왔네? 다음 주에는 꼭 나올 거지?" 그러자 한참 후 답이 왔다. "선생님, 죄송해요. 저 교회 끊었어요!" 실제로 적지 않은 아이들이 학원 가듯 부모에게 떠밀려 교회에 가고 있으니 이런 대답이 나올 만도 하다.

'교회학교'는 과연 학교일까? 학교가 되려면 몇 가지를 갖춰야 한다. 우선 교사와 교실이 필요하다. 그러나 이것만으로는 부족하다. 교육 과정(Curriculum, Course of study)과 교과서가 필요하다. 교육 과정이란 교육 내용과 관련된 교과의 배열과 조직을 체계화한 전체적인 계획이다. 쉽게 말하면, 중학교 3년 동안 수업 시간에 무엇을 공부할지를 시간대별로 편성해 놓은 시간표 같은 것이다. 이 과정을 마쳐야 고등학교로 진급할 수 있다.

교회학교가 '학교'가 되려면 이 교육 과정부터 마련해야 한다. 그러려면 '교회에서 어떤 신앙인으로 아이를 양성할 것인가' 하는 교육 목적을 먼저 정립해야 한다. 정리해 보면 우선 교육 목적을 설정하고, 거기에 맞는 교육 과정을 만들고, 그것을 구체적으로 가르치고 배울 교과서를 만들어야 한다. 교실과 교사는 그 다음이다.

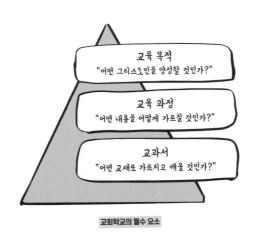

교육 목적
"어떤 그리스도인을 양성할 것인가?"

교육 과정
"어떤 내용을 어떻게 가르칠 것인가?"

교과서
"어떤 교재로 가르치고 배울 것인가?"

교회학교의 필수 요소

어떤 아이가 유년부에 다녔는데, 교육전도사가 3년 내내 창세기를 가르쳤다. 유년부를 마치고 소년부에 진급했는데, 또 창세기를 가르쳤다. 적지 않은 아이들이 같은 교회에서 유년부부터 고등부까지 다니면서 이런 교육을 받을 수 있다. 교회학교에 교육 목적과 체계적인 교육 과정이 없기 때문이다. 그리고 교육 내용이 효과적이기 위해서는 그 내용이 대상에 맞아야 한다.

물론 교회학교는 지식만 가르치는 학교와 달리 신앙의 삶도 가르쳐야 한다. 그렇기 때문에 더 치밀한 교육 목적과 교육 과정이 필요하다. 어쨌든 학교라면 교사가 바뀌어도 교육 목적과 가르치는 내용은 바뀌지 않아야 한다. 이처럼 교회학교도 목적이 이끄는 교회학교가 되어야 한다. 속력보다 중요한 것은 방향이다. "열심히!"만 강조하지 말고, '아이들이 우리 교회학교를 마치면 어떤 그리스도인이 될 것인가?' 우선 이것부터 고민해 보자.

교회학교는 지식만 가르치는 학교와 달리 신앙의 삶도 가르쳐야 한다. 그렇기 때문에 더 치밀한 교육 목적과 교육 과정이 필요하다.

ᏟᏟᏔ '똑똑하게 일하기'를 가르치라

교사들은 학생들을 교육 목적에 맞게 동기 부여하는 것이 중요하다. 또한 학생들의 태도와 유형에 맞게 이끌고 지도할 줄 알아야 한다.

마찬가지로 교사들에게도 교사의 목적에 맞는 동기부여가 필요하다. 교회는 체계적으로 교사들을 교육해야 한다. 소위 리더십 전문가들은 리더가 모든 구성원을 똑같은 방식으로 이끌어서는 안 된다고 가르친다. 구성원은 그 태도(열정, 의욕)와 역량(업무 수행 능력)을 축으로 4가지 유형으로 나뉜다. 즉 태도도 좋고 역량도 있는 A형, 태도는 좋은데 역량이 부족한 B형, 역량은 있는데 태도가 부족한 C형, 역량도 없고 태도도 부족한 D형이다.

리더는 각각의 유형에 대해 효과적인 리더십을 행사해야 한다. 가령 A형에게는 많은 위임을 해 주는 게 좋다. 다른 유형처럼 A형을 대하면 의욕이 떨어질 수 있다. 태도는 의욕적인데 능력이 부족한 B형에게는 일하는 방법을 가르쳐 주어야 한다. 실패가 거듭되면 의욕이 떨어질 수 있기 때문이다. 태도가 좋은 B형은 일하는 방법을 가르쳐 주면 머지않아 A형이 될 수 있다.

역량은 있으나 태도가 부족한 C형에게는 동기 부여가 필요하다. C형을 그대로 방치하면 남은 능력마저 퇴화되어 D형으로 추락하기 쉽다. 그리고 의욕이 부족한 C형과 D형의 태도는 공동체 전체에 전염되기 쉽다. 가장 큰 문제는 태도도 부족하고 능력도 부족한 D형이다.

연초가 되면 교회마다 직분자들을 대상으로 여러 교육을 한다. 하지만 '열심 회복'을 주제로 하는 교육이 대부분이다. '열심 회복'은 매우 중요하다. 그러나 이런 질문도 한번 해 보면 좋겠다. '열심 있는 직분자들이 왜 좌절할까? 열심이 식어서일까, 아니면 그 일을 감당하기 어려워서일까?' 능력의 한계에 직면하면 열심도 식어 버린다.

필자는 종종 '교사 부흥회'에 강의 요청을 받는다. 역시 대부분 '열심 회복'이 주제다. 미디어의 발달로 교육 대상자나 환경은 급격히 달라지고 있다. 이러한 때일수록 교육의 본질과 새로운 방법에 눈을 돌려야한다. 기독교 교육, 다음 세대의 특징과 관심사, 다음 세대와 소통하는 방법, 상담 방법, 효과적인 교수 방법과 강의법, 교육 환경과 도구, 교회 교육 제도와 시스템, 다른교회의 사례 등 공부해야 할 과제가 너무도 많다.

교사들에게도 '열심'만 강요하지 말고 '가르치는 방법'도 가르치자! 열심히 일하기(Work hard)도 중요하지만, 똑똑하게 일하기(Work smart)도 중요해졌다.

03

머리에서 가슴으로,
가슴에서 손발로

교회 교육은
졸업이 없는 평생교육이다.
최종 목적지는
'그리스도인의 삶'이다.

교육 효과 불과 6%

한번은 어머니들 대상으로 강의를 하면서 이런 질문을 해 봤다. "세상에서 가장 힘든 일이 무엇입니까?" 재미있는 대답이 나왔다. "은퇴한 남편 존경하기요!" 청소년들에게도 같은 질문을 해 봤다. "엄마 설득하기요." 사업하는 이들은 아마 이렇게 대답하지 않을까? "남의 돈 내 주머니에 넣기요."

그런데 가르치는 이들에게 물어보면 대개 "내 생각을 다른 사람의 머리에 넣기"가 제일 힘들다고 말한다. 청소년 교육이 특히 그렇다. 부모도 자식을 가르치기가 힘든 시대 아닌가? 어떤 학자는 교육 효과가 6%에 불과하다고 말한다. "학습자는 교사의 말을 반만 들고(50%), 들은 것의 반만 이해하고(25%), 이해한 것의 반만 믿고(12%), 믿은 것의 반만 기억한다(6%)." 학교에서 교사가 가르친 것 중 불과 6%만을 학생이 기억한다니, 충격적이다. 그나마 6%도 교육의 효과는 아니다. 기억했다고 해서 그 내용을 적용하는 것은 아니기 때문이다. 그렇다면 교회는 어떨까?

변화가 없는 교육은 죽은 것이다. 교육학에 'KSA'라는 용어가 있다. 'Knowledge'(지식), 'Skill'(방법), 'Attitude'(태도)가 합쳐져야 전인적인 변화를 이룰 수 있다는 의미다. 몰랐던 내용을 알게 해 줘야, 그리고 방법을 몸에 익히게 해 줘야, 더 나아가서 긍정적인 태도를 갖게 해 줘야 사람은 변할 수 있다.

몰랐던 내용을 알게 해 줘야, 그리고 방법을 몸에 익히게 해 줘야, 더 나아가서 긍정적인 태도를 갖게 해 줘야 사람은 변할 수 있다.

대학 입시에 얽매인 우리의 학교 교육은 지식을 읽고, 듣고, 외우는 데 초점이 맞춰져 있다. 그래서인지 교회 교육도 그 모습을 닮아 가는 것 같다. 교회마다 많은 신앙 교육을 하고 있는데, 교육 받는 아이들의 삶에 어떤 변화가 있는지는 측정하지 않고 계속 교육만 하는 것 같다.

세상에서 가장 먼 거리가 머리에서 가슴까지, 더 먼 거리는 가슴에서 손발까지라고 한다. 안다고 해서 느끼는 것도 아니고, 느꼈다고 해서 행동으로 이어지는 것도 아니기 때문이다. 신앙 교육은 머리에서 가슴으로, 그리고 손발로 이어져야 삶에서 열매 맺을 수 있다.

지도와 여행

교회마다 다양한 교육 프로그램을 운영하고 있다. 그런 교회 교육 프로그램들이 과연 지식의 '습득'을 넘어 말씀의 '체득'을 목표로 하고 있는지 성찰해 보면 좋겠다. 또한 여행도 안 해 보고 지도로만 가르치는 것은 아닌지 성찰해 보면 좋겠다. 삶과 동떨어진 교회 교육은 우리 교회학교의 위기가 아닐 수 없다.

어린 시절 부모님의 손잡고 교회에 나가기 시작한

사람 중에 평생 그리스도인으로 사는 이들이 과연 얼마나 될까? 주변을 살펴보면 그리 많은 것 같지는 않다. 중간에 특별한 계기로 신앙생활을 시작한 사람들이 오히려 더 많은 것 같다. 선교와 전도가 필요한 이유다. 반면, 중간에 교회를 떠난 이들도 적지 않다. 좋은 교육이 필요한 이유다. 신앙생활을 얼마나 오래 했느냐가 뭐 그리 중요하겠는가. 지금 내가 그리스도인으로 살고 있느냐가 더 중요하다. 그리스도인은 하나님의 말씀(진리)을 깨닫고 그대로 사는 사람이다.

교회에 다니는 이들을 크게 세 가지 유형으로 나눠 볼 수 있다. 말씀을 깨닫고 그대로 사는 A형, 말씀은 많이 아는데 삶은 그에 미치지 못하는 B형, 아직 말씀을 잘 알지 못하는 C형이다. 문제는 B형이다. 필자를 포함해서 많은 사람이 이 유형에 해당될 듯하다. 신앙생활을 오래 해서 성경이나 교회에 대해 아는 것은 많은데 정작 그리스도인의 삶을 살지 못하는 사람들이다. 왜 이런 유형이 많을까?

교과서는 인생의 길을 안내해 주는 지도다. 학교에

서는 그 지도의 내용을 일정 기간 가르치고 배우면 끝난다. 그러나 교회는 다르다. 교회 교육은 졸업이 없는 평생교육이다. 학교에서는 지식을 얼마나 '많이' 습득했느냐가 중요하지만, 교회 교육에서는 성경 지식을 얼마나 '깊이' 깨닫고 그것을 삶으로 나타내고 있느냐가 중요하다. 교회 교육의 최종 목적지는 '그리스도인의 삶'이고, 성경은 거기로 가는 길을 안내해 주는 지도다. 지도 내용을 익히는 것과 실제로 여행하는 것은 전혀 다른 문제다.

알아야 행하는 것은 맞다. 그러나 말씀은 행해 봐야 제대로 알게 되기도 한다. 많이 가르쳐야 교회 교육이 완성되는 것일까? 성경이 널리 보급되면서 정작 순교자가 사라졌다는 탄식은 무엇을 의미할까? 아이들에게 지도만 가르치지 말고 여행도 해 보게 하자. 지식만 가르치지 말고 삶도 가르치자.

04

이기는 법이 아니라
지는 법을 알려 준다

지는 것이 이기는 것인데,
지는 것도 연습이 필요하다.

⟨⟨ 너도 잘되고 나도 잘되는 삶

교회는 이웃과 더불어 살아가는 법을 가르치는 곳이다. '더불어 살기'는 너도 잘되고 나도 잘되는 방법을 찾는 데서 출발한다. 그래야 예수님이 말씀하셨던, 타인을 위해 기꺼이 손해 보는 삶으로까지 나아갈 수 있다. 교사들은 이런 중요한 가치를 말이 아니라 다양한 체험을 통해 학생들에게 가르쳐 줄 수 있다.

'풍선 찾기'라는 놀이가 있다. 풍선에 자기 이름을 크게 쓴 다음, 한곳에 모아 섞어 놓는다. 그리고 모두가 동시에 달려가서 자기 풍선을 빨리 찾아오는 게임이다. 뒤섞인 풍선들 사이에서 자기 것을 먼저 찾기 위해 다른 사람들을 밀치고 풍선들을 다시 섞는 바람에

그야말로 난장판이 된다.

이번에는 모든 조원의 풍선을 가져와야 이기는 것으로 규칙을 바꾼다. 역시 비슷한 상황이 펼쳐진다. 잠시 전략 회의를 갖는다. "어떻게 하면 우리 조가 1등을 할 수 있을까?" 다시 게임을 시작하면, 이번에는 자기 풍선뿐 아니라 동료의 풍선도 함께 찾아온다. 이를 통해 '윈(win)-윈(win)'의 중요성을 깨닫게 된다.

오목 놀이도 같은 원리를 가르쳐 준다. 가로 8칸, 세로 8칸 바둑판에 두 사람이 교대로 0, X 표시를 해 나간다. 가로, 세로, 대각선에 나란히 5개 이상을 표하면 5점, 6점을 주는 식으로 점수를 인정해 준다. 게임을 해 보면 많은 아이가 자기 것을 표하기보다는, 상대방이 표하는 것을 막느라 온 신경을 쓴다. 결국 둘 다 좋은 점수를 내지 못한다.

이번에는 게임 규칙을 바꿔서, 두 사람을 한 팀으로 해 두 사람 점수를 합한 것을 최종 점수로 한다. 이때 현명한 아이들은 전체 64칸을 반으로 나누고 각자 자기 영역에 표시를 해 나간다. 너도 잘되고 나도 잘되는 방법을 찾는 것이다. 결국 둘 다 좋은 점수를 얻는다.

나아가 더 적극적으로 지기 위한 연습을 해 볼 수 있다. '가위바위보' 게임에서는 보통 이긴 사람이 좋은 것을 선택하는데, 교회 교육에서는 반대로 적용해 볼 필요가 있다. '보'가 '가위'를 이기는 것으로, 그리고 지는 쪽이 선택권을 갖는 것으로 말이다. 아주 간단한 놀이지만 지는 것이 결국 이기는 것임을 아이들이 생각해 볼 수 있게 해 준다.

윷놀이도 지는 쪽이 이기는 것으로 규칙을 바꿔 볼 수 있다. '어떻게 하면 상대방의 말을 잡을 것인가?'를 '어떻게 하면 상대방에게 내 말을 잡히게 할 것인가?'로 바꿔서 생각하게 할 수 있다. 또한 '어떻게 하면 상대방 말보다 빨리 달릴 것인가?'를 '어떻게 하면 상대방 말보다 늦게 갈 것인가?'로 바꾸어 생각해 보게 하는 것이다.

그리고 교회에서 흔히 부르는 노래도 가사를 바꿔서 한번 불러 보자. "당신은 사랑받기 위해 태어난 사람"을 "당신은 사랑하기 위해 태어난 사람"으로. 지는 것이 이기는 것인데, 지는 것도 연습이 필요하다.

ᏟᏬᏬ 지는 연습이 필요하다

아쉽게도 우리 학교 교육은 여전히 경쟁의 틀을 벗어나지 못하고 있다. 모든 것을 경쟁의 결과로 결정하고, 성적이 좋은 사람에게 선택권을 준다. 청소년들로 하여금 친구를 경쟁자로 인식하게 만드는 이 교육을 우리는 언제쯤 걷어 낼 수 있을까?

기독교는 의로운 싸움에서는 승리를 강조하지만, 일상에서는 이웃을 사랑하고 손해 보며 용서하면서 살아가라고 가르친다. 마태복음 5장에서 예수님은 "오른편 뺨을 치면 왼편도 돌려 대라, 속옷을 달라 하면 겉옷도 쥐라, 오 리를 가자고 하면 십 리를 동행하라, 심지어 원수도 사랑하고 박해하는 자를 위해 기도하라"고 말씀하셨다.

애덤 그랜트가 쓴 《기브 앤 테이크 Give and Take》

(생각연구소)에는 세 가지 유형의 인간이 나온다. 남의 것을 가져가는 테이커(Taker)형, 주지도 않고 가져가지도 않는 매처(Matcher)형, 남에게 주는 기버(Giver)형이다. 교회 교육에서는 당연히 기버 유형이 모델이다.

교회는 지는 것, 손해 보는 것이 몸에 배도록 가르쳐야 한다. 예배당 안쪽 좌석부터 앉는 것, 먼저 가졌지만 친구를 위해 양보하는 것, 뒷사람에게 문손잡이를 건네주는 것 등등 불편을 자발적으로 감수하는 일을 익히게 가르쳐야 한다.

교회는 지는 것, 손해 보는 것이 몸에 배도록 가르쳐야 한다. 불편을 자발적으로 감수하는 일을 익히게 가르쳐야 한다.

05

'개념' 있는 분을
찾습니다

'개념' 있는 교사들이
아이들을 잘 가르칠 수 있다.

기독교 개념을 가르치자

아이들에게 무엇을 가르쳐야 할까? 무엇을 가르쳐야 할지 막막하다면, 아이들에게 신앙의 기본기부터 가르쳐 보자. 첫째는 기독교 개념이고, 두 번째는 역사관이다.

어떤 불교 신자가 교회에 와서 '주지 목사'를 찾더라는 우스갯소리가 있다. 교회에 대한 '개념'이 없어서다. 서점에서 다른 종교의 책을 펼쳐 보거나, 텔레비전에서 다른 종교 방송을 들어 보면 도무지 무슨 말인지 이해하기 어려울 것이다. 비신자나 다른 종교인들에게는 우리 기독교도 마찬가지일 것이다.

어떤 분야에나 독특한 개념이 있다. 그 분야의 개념을 제대로 알려면 전문 용어를 충분히 이해해야 한다.

특별히 교원이나 교육행정직 공무원 시험에 지원하려면 천 개가 넘는 교육학 전문 용어의 개념을 그야말로 '달달' 외워야 한다. 용어를 통해 개념을 제대로 이해해야 '교육' 관련 일을 할 수 있기 때문이다.

그런 점에서 교회학교 교사들이 '기독교 개념'을 제대로 알고 이야기하는 것은 매우 중요하다. 기독교 개념을 정확히 모른다면 교회 교육의 본질을 놓칠 수 있고, 아이들에게 불충분하게 설명할 수 있기 때문이다. 교사는 기독교의 기본 개념을 아이들에게 제대로 설명해 줄 수 있을 정도의 전문가가 돼야 한다.

교회학교에서 흔히 사용하지만 아이들이 제대로 알지 못하는 용어는 의외로 많다. 교회, 주일, 주기도문, 사도신경, 예수님의 이름으로, 복음, 은혜, 부활, 성육신, 삼위일체, 십자가, 보혈, 성전, 회개, 성경, 천국, 세례, 구원, 선교, 전도, 기도 같은 신앙 관련 용어들이다. 교회학교 교

아이들에게 기독교의 기본적이고 핵심적인 용어들의 개념을 이해하기 쉽게 가르쳐 줘야 한다.

사는 아이들에게 기독교의 기본적이고 핵심적인 용어
들의 개념을 이해하기 쉽게 가르쳐 줘야 한다.

　기독교의 개념을 나타내는 전문 용어 백 개를 선정
해 보자. 이를 소책자로 제작하거나 교회학교의 교육
내용에 포함시켜 아이들이 필수적으로 익히도록 하면
어떨까? 이런 '개념' 있는 교사들이 아이들을 잘 가르
칠 수 있다.

ᴄᴇᴇ 역사를 넘나드는 성경공부

한번은 교회에서 한 아이가 이런 질문을 했다. "예수님
이 이 세상에 오셔서 사역하실 때 우리는 어떤 상황이
었나요?" 순간, 당황한 나머지 제대로 대답해 주지 못
했다. 집에 가서 자료를 찾아보고 나서야 설명해 준 적
이 있다. 또 새로운 것을 물어볼 것 같아 우리나라와
이스라엘의 역사를 대조해서 살펴봤던 생각이 난다.

　예를 들면 이런 식이다. 아브라함이 살았던 시기는

고조선 초기였다. 이스라엘 백성이 가나안에 들어간 시기, 사사 시대, 왕정 시대, 남북 분열과 패망, 바벨론 유배기 등이 모두 우리의 고조선 시대다.

예수님의 시대는 고구려, 백제, 신라의 건국 초기였다. 예수님은 고구려를 기준으로 유리왕(2대), 대무신왕(3대) 때 활동하셨다. 초대교회 시대도 삼국시대 초기였다. 네로가 교회를 박해하던 시기의 고구려 왕은 태조였다. 구약은 삼국시대 초기에, 신약은 삼국시대 후기에 확정됐다. 참 흥미롭지 않은가?

구약은 이스라엘의 역사 교과서다. 그래서인지 성경을 많이 읽는 목회자뿐 아니라, 교사들도 이스라엘 역사는 깊이 알지만, 한국사는 깊이 알지 못하는 것 같다. 학교에서는 한국사와 세계사를 가르친다. 교회에 오면 성경의 배경인 이스라엘 역사를 가르친다. 그런데 학교에서 배운 역사와 이스라엘 역사가 연결이 되지 않는다. 성경에 나오는 지명이나 인명 등 고유명사가 서로 달라 대조해 보기도 어렵다.

해외 여행지에 가 보면 관광객을 태우는 마차가 있

다. 그런데 그 마차를 끄는 말의 두 눈 옆을 가려 놓았다. 옆에 신경 쓰지 말고 앞만 보라는 것이다. 인생에는 네 개의 안경(거울)이 필요하다고 한다. 자신을 살펴보는 돋보기, 과거를 되돌아보는 망원경, 보이지 않는 미래 세계를 보는 잠망경 그리고 다른 사람을 살펴보는 사이드미러. 자동차에 사이드미러가 없다고 가정해 보자. 옆을 볼 수 없으니 얼마나 불편하고 위험하겠는가.

성경 교육이나 교회 교육은 한국인을 유대인으로 바꾸는 게 아니라, 신앙 좋은 한국인으로 양육하는 것이다. 그러려면 국사책과 세계사책을 함께 펴 놓고 성경을 가르쳐야 하지 않겠는가? 아이들이 세계사, 한국사, 이스라엘 역사를 균형 있게 알도록 가르치자. 이스라엘의 역사적 사건 때 우리는 어떤 상황이었는지 직접 찾아보게 하면 성경공부도 훨씬 흥미롭고 역사도 입체적으로 이해할 수 있을 것이다.

딱 알맞은 소통의 틀을 만들어라

• • • •

● 교회학교의 교육 목적, 교육 과정, 공과 및 교재가 일관성이 있는지 차례대로 점검하고 미흡한 부분이 있다면 보완한다.

● 교사가 전달할 내용이 잘 정리되어 있는지, 전달 방법은 연령에 맞게 효과적인지, 진심으로 아이들을 대하는 마음 가짐이 있는지 체크한다.

● 아이들 유형에 맞게 동기를 부여하고, 일방적인 지식 습득에서 벗어나 직접 경험하도록 돕는다.

아이들에게 신앙의 기본을 가르쳐라

• • • • •

● 기독교의 가치를 바로 가르치는 것이 중요하다. 경쟁의 틀
에서 자라는 아이들에게 지는 것, 손해 보는 것, 양보하는
것, 배려하는 것을 가르쳐야 한다.

● 기독교 개념과 교리를 알려 준다. 교회, 주일, 부활, 성육신,
주기도문, 사도신경 등 교회학교에서 흔히 사용하지만 뜻을
정확히 알지 못하는 용어들을 추려서 차근차근 가르쳐 준다.

2장
••••••••
교사의
눈

"아이들 눈높이에
익숙해지고 싶다면"

06

'카페인' 세대와
소통하기

디지털 세대의
언어, 사고, 문법을 이해해야
5만 원짜리 교육을
100만 원짜리 교육으로
발전시킬 수 있다.

ℭℓℓ 오픈 채팅으로 소통하기

미국 대학으로 유학 간 한국 학생 중 절반 정도가 중도 탈락한다는 기사를 본 적이 있다. 우리나라 학교에서는 학습 내용을 암기만 잘하면 좋은 성적을 받을 수 있지만, 교육 선진국에서는 수업 태도, 발표, 면담 등 다양한 항목으로 학생을 평가한다. 특히 수업 중 질문과 대답을 잘해야 하는데, 우리나라 학생들은 이것이 취약하다.

수업은 교사와 학생 간 소통 활동의 산물이다. 그러나 우리네 학교 수업에서는 학생이 질문을 자주 하면 다른 학생들이 이의를 제기한다고 한다. 진도 나가는 데 방해가 된다는 것이다. 가르쳐야 할 내용은 많은데 시간이 부족할 때, 가르쳐야 할 학생은 많은데 학생들의 학습 동기가 부족할 때 교사는 매우 힘들다.

이럴 때에는, 교사만 말하고 학생은 듣는 일방적인 소통 방식을 개선해야 한다. 그중 한 방법이 스마트폰을 활용하는 것이다. 필자는 수업 중 카카오톡을 자주 사용한다.

카카오톡에는 우리가 많이 사용하는 일반 채팅 말고 오픈 채팅이라는 기능이 있다. 오픈 채팅은 아무나 채팅 방에 들어올 수 있다. 일반 채팅은 방을 개설하고 초대하는 데 많은 시간과 작업이 필요하다. 그러나 오픈 채팅은 교사가 방을 개설하고 학생들이 찾아 들어오는 데 1분도 안 걸린다. 그리고 누구나 문자, 그림, 동영상 등을 자유롭게 게시할 수 있다.

오픈 채팅에는 여러 장점이 있다. 첫째, 학생이 자신에게 익숙한 미디어여서 흥미를 갖는다. 둘째, 여러 사람 앞에서 직접 말로 표현하지 않아도 되니 부담이 적어 참여하기가 쉽다. 남의 눈치를 볼 필요가 없다. 셋째, 학생 수가 많아도 얼마든지 참여할 수 있다. 학생

수가 많을수록 오히려 효과적이다. 넷째, 교사와 학생이 수업 시간에 게시한 문서, 사진, 영상이 고스란히 남으니 필기할 필요가 없다. 다섯째, 학생과 학생 간 소통도 가능하고, 심지어 같은 공간에 있지 않은 학생도 참여할 수 있다.

오픈 채팅은 설문조사, 브레인스토밍에 특히 유용하다. 찬반 투표, 삼행시 짓기, 퀴즈 풀기, 원하는 음식 주문, 모임 날짜나 장소 정하기, 어떤 문제에 대한 해결 아이디어, 성경 내용에 대해 궁금한 점이나 소감 등을 오프라인에서 도출해 내려면 많은 노력과 시간이 필요할 것이다. 그러나 오픈 채팅을 이용하면 모두가 '빛의 속도'로 동시에 참여해 내용을 공유할 수 있다. 채팅 장면을 스크린으로 보여 주면서 진행하면 더 생동감이 있다.

ᏔᏔ 온라인 강의+오프라인 학습

오픈 채팅 이외에도 아이들과 소통하는 방법은 찾아
보면 다양하다. 한 예가 플립러닝(Flipped Learning) 방법이
다. 인터넷 매체가 발달하자 대학마다 사이버 수업, 온
라인 수업을 시작했다. 온라인 수업은 학생도 편리하
고 학교 입장에서도 경제적이어서 여러 대학들이 도입
해 운영 중이다. 물론 교수자와 학습자 간 상호작용이
안 된다는 한계는 있다. 그러나 이 문제도 상당히 개선
되어 질문하고 답하기가 오히려 오프라인 수업보다 쉬
워졌다. 그럼에도 또 다른 한계는 있다. 자동차 운전면
허 시험 해설 같은 지식 정보 전달에는 효과적이지만,
태도 변화를 위한 수업에는 효과적이지 못하다. EBS의
방송 강의가 좋은 예다.

플립러닝은 온라인 수업을 응용한 것으로 대학에서
많이 쓰인다. 온라인과 오프라인 수업을 결합한 형태인
데 '거꾸로 학습'으로도 불린다. 전통적인 방식으로 하
자면, 수업은 학교에서 하고 과제는 집에서 하는데, 플

립러닝은 수업을 집에서 하고 과제는 학교에서 하는 것이다. 그래서 붙여진 별명이다.

플립러닝에서는 학습자가 집에서 교수자의 강의 영상을 미리 예습하고, 교실 수업 때는 토론이나 과제 풀이를 한다. 필자도 이 방식을 수업에 채택하고 있다. 학습자들은 온라인에서 그날 수업 강의를 미리 듣고 문제를 풀어 온다. 그리고 교실 수업에서 그 내용을 발표하며 토론을 하는데 매우 효과적이다. 학습자가 학습의 주체임을 인식하게 해 주는 효과도 있다. 플립러닝은 앞으로 교회가 관심을 가져야 할 교수 방식이라고 생각한다. 교회에서 강의 듣고 집에서 복습해 오던 방식을, 집에서 강의 듣고 교회에서 학습하기로 순서를 바꿔 보는 것이다.

요즘 교회의 찬양대 연습 방식은 과거와 많이 달라졌다. 전에는 지휘자가 파트별로 연습시켜 주느라 많은 시간을 쏟아야 했지만, 요즘은 대원들이 각자 스스로 파트 연습을 해 올 수 있게 됐다. 악보 출판사가 파트 연습용 음원을 제공하기 때문이다. 그러니 실제 연습 때는 지휘자가 본격적인 합창 만들기를 할 수 있게 되었다. 이게 바로 플립러닝이다.

요즘 참새들은 허수아비와 사람을 금세 구분한다고 한다. 스마트폰을 들고 있으면 사람이고 그렇지 않으면 허수아비다! 바야흐로 모바일 시대다. 일상생활도 너무 바빠졌다. 오죽하면 심방도 야간에, 집 아닌 카페에서 할까? 모이기에 힘쓰기가 정말 어려운 시대다. 그럴수록 교회 교육의 일부를 찬양대처럼 강의는 각자 미리 듣고, 모여서 토론하는 플립러닝 방식으로 바꿔 보도록 모색할 필요가 있다.

🎵 100만 원짜리 vs 5만 원짜리

어느 아버지가 물었다. "중학생인 막내아들과 요즘 전혀 소통이 되지 않는데, 좋은 방법이 없을까요?" 밖에 데리고 나가 산책도 하고 맛있는 것도 사 주는데 대화가 늘 장문단답(長問短答) 수준을 넘지 못한다는 것이다.

인류는 처음에는 몸짓과 음성으로만 소통하다가, BC 11세기부터 문자와 종이도 써 오고 있다. 그 후 전파(라디오, TV)와 영상(영화)에 이어 인터넷, 이동통신(스마트폰)으로 소통 방

같은 재료라도 모양이 다른 기계에 넣어 구운 빵은 맛도 다르게 느껴진다. 마찬가지로 사용해 온 매체에 따라 사용자의 사고방식도 다를 수밖에 없다.

법을 혁신해 왔다. '지금 여기에서'라는 소통의 한계를 '언제 어디서나'(Anytime, anywhere)로 확장시켜 나가고 있다.

요즘 세대를 표현하는 '카페인'이라는 말이 있다. '카카오톡, 페이스북, 인스타그램'의 첫 글자만 딴 것이다. 이 '카페인'이 범람하지만 세대 간 소통은 오히려 더 단절되는 것 같다. 그 원인의 하나가 각자 사용해 온 매체가 서로 달라서다. 같은 재료라도 모양이 다른 기계에 넣어 구운 빵은 맛도 다르게 느껴진다. 마찬가지로 사용해 온 매체에 따라 사용자의 사고방식도 다를 수밖에 없다. 아날로그 세대는 영화를 인물과 스토리 위주로 보지만 디지털 세대는 비주얼 요소, 음악, 배경을 본다.

많은 사람이 스마트폰을 쓰지만 주된 용도는 서로

다르다. 아날로그 세대는 스마트폰을 주로 전화, 카메라, 카카오톡, 동영상으로 사용한다. 100만 원짜리를 5만 원짜리로 쓰는 것이다. 그러나 디지털 세대는 스마트폰의 기능을 전부 찾아내 100만 원짜리 이상으로 쓴다. 이런 상황은 교회에서도 살펴볼 일이다. 교회마다 예배나 교육을 위해 비싼 영상 장비를 구비해 놓는데, 100만 원짜리를 5만 원짜리로 사용하고 있는 것은 아닌지 말이다. 또 각자 사용하는 스마트폰의 무한한 기능을 어떻게 교회학교에 효과적으로 활용할 것인지도 공부해야 한다.

아들과 소통이 안 되는 그 아버지에게 카카오톡으로 소통해 보라고 조언해 줬더니 다행히 효과가 있다고 한다. 이처럼 아날로그 세대 교사들이 디지털 세대 학습자들의 언어, 사고, 문법을 이해해야 5만 원짜리 교육을 100만 원짜리 교육으로 발전시킬 수 있다. 교사는 강의하고 학생은 수강하는 전통적인 수업 방식에서 벗어나 교사와 학생, 학생과 학생이 함께 공부하는 방법을 모색해 보자.

스마트폰을 5만 원짜리로 쓰는 방법	스마트폰을 100만 원짜리로 쓰는 방법
- 전화 - 카메라 - 카카오톡 - 동영상	- 전화, 카메라, 카카오톡 - 음악, 동영상, 게임 - 유튜브 시청 및 동영상 편집, 유튜버 활동 - 밴드, 페이스북, 인스타그램 - 이메일 등의 정보 송수신, 투표 - 구매와 결제 - 다양한 앱을 이용한 무한한 기능 활용 - 인물, 뉴스, 정보, 상품, 음악, 책 등의 검색 활동 - 공유 집단 지성 활동: 스크린을 통한 공개 토의 및 토론

스마트폰 활용 방법

07

새로운 통로,
유튜브

유튜브라는 복음의 통로가
새로 등장했다.
이제 복음을 동영상으로도
번역해야 할 때다.

ᏫᏫ 영상으로 번역하는 복음

언젠가 미국 새들백교회의 새들백 키즈에서 성경 이야기를 담은 5분짜리 애니메이션 '스토리즈 오브 바이블'(Stories of Bible)을 제작해 유튜브에 올렸다. 영상만 무려 천여 개나 되었다. 영상 세대의 눈높이에 맞춘 애니메이션으로 지금까지 전 세계 어린이들이 성경을 이해하는 데 좋은 길잡이가 되고 있다. 대부분 영어로 되어 있으니, 우리나라 교회학교에서 '영어로 배우는 성경 이야기' 등에 이 애니메이션을 활용하면 좋을 듯하다. 일부 우리말로 더빙된 것도 유튜브에 있다.

필자는 그중 한 시리즈인 '부활절 이야기'(The Story of Easter) 동영상을 본 적이 있다. 그 영상에 예수님의 고

난과 부활을 담았는데, 의미도 있으면서 어린이 눈높이에 맞춘 흥미로운 작품이었다. 우리 아이들과 함께 영상을 보면서 많은 생각을 했다. '생각과 감정을 종이에 문자로 표현하던 시대가 이제 강물처럼 흘러 내려가고 있구나. 이 시대에 성경을 쓴다면, 유튜브에 쓰겠구나' 하고 말이다. 교회에서 관점을 달리해서 본다면 유튜브라는 복음의 통로(Channel)가 새로 등장한 것이다.

한 교회가 엄청난 비용을 들여 '스토리즈 오브 바이블' 같은 작품을 세상에 내놓았다는 것은 놀라운 일이다. 교회가 미디어의 변화를 제대로 읽고 있다는 것이고, 새로운 세대의 등장에 발 빠르게 대처했다는 것이기 때문이다. 우리나라 교회도 다음 세대를 위한 교회 교육에 더 많이 투자했으면 좋겠다. 이것은 영상 매체 세대인 새로운 세대에게 어떻게 성경을 읽힐지에 대한 깊은

'생각과 감정을 종이에 문자로 표현하던 시대가 강물처럼 흘러 내려가고 있구나. 이 시대에 성경을 쓴다면, 유튜브에 쓰겠구나'

고민에서부터 시작된다.

ᑲᑲᑲ 다음 세대 교육의 거점, 유튜브

실제로 요즘 아이들의 관심은 온통 유튜브에 가 있는 듯하다. 유튜브는 요즘 세대가 세상에 태어나서 가장 먼저 사귀는 친숙한 친구다. 부모가 아이를 달래기 위해 스마트폰을 손에 쥐어 준 덕분이다. 유튜브에는 없는 내용이 없다. 언제 어디서나 키워드만 검색하면 관련 영상이 수두룩하게 나온다. 그러니 남에게 물어볼 필요가 없다. 모바일이 익숙한 아이들은 유튜브로 재미있는 영상을 찾아보고, 춤도 배우고, 강의도 듣고, 음악도 듣고, 악기도 배우고, 여행도 하며 논다.

유튜브는 정보가 다양한 데다 검색이 쉽고 설명도 쉬운데, 게다가 무료다. 세계 최고 수준의 연주 또는 프로 야구 경기를 언제 어디서나, 몇 번이고 감상할 수가 있으니 텔레비전에 비할 수가 없다. 누구나 유튜브

방송을 할 수 있는 것도 매력이다. 스타 유튜버들이 탄생하다 보니 유튜버가 청소년 희망 직업 1위에 오를 정도다. 유튜브는 주일 하루, 교회에서 1시간밖에 만나지 못하는 아이들을 언제 어디서나, 몇 번이고 만날 수 있게 해 주는 통로가 될 수 있다. 그러니 새들백교회에서 보여 준 시도처럼 이제 복음을 동영상으로도 번역해야 할 때다. 그래야 새로운 세대와 소통할 수 있다. 다음 세대 선교의 거점은 유튜브다!

08

아이들과 말이 통하는
교회학교 교사의 비결

성경은 아이들도
쉽게 접할 수 있도록
번역되고 제작되어야 한다.

⟨⟨⟨ 말이 통하는 교과서

얼마 전 우연히 충격적인 그림을 본 적이 있다. 스마트
폰을 손에 든 청소년들이 어떤 물건 하나를 가운데 두
고 둘러서서 신기해하며 사진을 찍는 그림이었다. 그
들 가운데 있는 물건은 바로 종이책이었다. 웃고 넘길
법 하지만 요즘 상황을 보면 이 그림이 현실이 될 날도
그리 멀지 않은 것 같다.

요즘 신문, 방송사들은 큰 어려움을 겪고 있다. 독
자(시청자)와 광고주들이 죄다 모바일로 가 버렸기 때
문이다. 직장인들이 모바일로 업무를 하듯이, 대학의
강의도 모바일 기반으로 바뀌고 있다. 종이책 대신 모
바일을 사용해서 수업하고, 주 3일만 등교하는 학생

들도 적지 않다. 요즘은 코로나로 인해 학교에 나오지 않고 가정에서 온라인으로 수업을 한다. 종교개혁 이후 500년 동안 대세였던 종이책이 모바일로 대체되고 있는 것이다.

그렇다면 교회는 어떠한가? 신앙 교육의 교과서는 성경이다. 그런데 이 교과서가 아이들에게는 너무 어렵다. 어느 공무원 시험 면접장에서 면접 카드에 한자 이름을 안 쓴 응시자가 몇 명 있었다. 이유를 물어보니, 스마트폰을 미리 걷는 바람에 한자를 미처 찾지 못했단다. 면접관들 사이에 '공무원이 한자를 모르면 되느냐', '한자는 우리글이 아닌데 왜 문제가 되느냐' 하고 작은 논쟁이 벌어졌다.

요즘 자기 이름을 한자로 못 쓰거나 뜻을 정확히 모르는 학생들을 자주 본다. 그렇다면 더 어린 학생들은 어떨까? 어른들은 아이들이 한자를 모른다고 염려하겠지만, 아이들은 뜻글자 세대가 아니라 소리글자 세대다. 그나마 책도 안 읽으니 한글 맞춤법도 미숙하다. 이런 세대가 어른들이 주로 사용하는 개역개정 성경을 과연 읽을 수 있을까?

복음서에 인용된 예수님의 메시지는 매우 명확하고, 쉽고, 간결하다. 그러나 이를 설명한 성경 본문의 표현은 불명확하고 어렵다. 한자어와 고어가 가득하고, 문장이 길고 복잡해 뜻이 바로 와닿지 않는 구절도 많다. 거기에 고유명사도 학교 교과서에서 보던 것과는 전혀 다르다. '애굽, 바사, 구스, 서바나, 구브로'가 '이집트, 페르시아, 에티오피아, 스페인, 키프로스'와 같은 곳이라는 사실을 아이들이 어찌 알겠는가. 어린이나 청소년들에게는 성경이 마치 고어로 된 '춘향전'처럼 보일지 모른다.

세종대왕이 훈민정음을 만든 이유는 기득권이 독점하고 있는 지식 권력을 백성에게 나눠 주기 위해서였다. 마르틴 루터가 성경을 번역하고 인쇄해서 나눠 준 것도 성직자들이 독점하고 있던 복음을 평신도들에게 나눠 주기 위해서다. 성경은 성직자를 위한 책이 아니다. 성경은 아이들도 쉽게 접할 수 있도록 번역되고 제작되어야 한다. 교사들은 아이들이 쉽게 읽고 이

해할 수 있는 성경을 들려줘
야 한다.

교육은 성육신 소통이어야
한다. 상대방의 주파수에 내
다이얼을 맞춰야 한다. 아이
들에게 어려운 성경을 그대로
가르칠 것인가? 뜻도 모르는 구절을 암송시키려 하지
말고, 우선 교회학교만이라도 새번역 성경을 사용하
자. 더 쉬운 성경, 영상 성경도 서둘러 펴내자. 교과서
가 너무 어렵다. 다음 세대의 눈높이에 맞는, 말이 통
하는 교과서(성경)들을 다양하게 펴내야 한다.

교과서가 어려우면 참고서가 늘어나기 마련이다. 그
중 대표적인 것이 교회학교 공과다. 모든 교단 본부는
전 세대를 대상으로 하는 공과를 발간하고 있다. 그러
나 필자가 살펴본 바로는 교단의 공과를 사용하지 않
는 교회학교가 적지 않다. 오히려 자체 제작한 교재나
외부 업체가 제작한 프로그램을 이용하는 경우가 더
많다.

이참에 오랫동안 사용해 온 공과가 얼마나 효과적인지 점검해 봤으면 한다. 나아가 아이들에게 효과적인 전달 방법이 무엇인지 고민해야 한다. 종이책은 시간과 장소의 제약을 받지만, 모바일은 언제 어디서나 소통이 가능하다. 각 세대에게 익숙한 미디어가 어떤 것인지, 어떤 형태(종이책, 모바일)를 어떻게 활용할 것인지 연구해야 한다.

그러자면 우선, 사람이 달라지고 삶의 환경이 달라지는 미래 사회에서 교회학교가 무엇을 어떻게 가르칠 것인지, 향후 5년-10년의 기본 계획부터 수립해야 한다. 철학, 신학, 사회학, 문화, 환경, 교육, IT, 커뮤니케이션 등 다양한 분야의 전문가들이 모여 많은 토론을 거쳐 교회 교육의 방향을 잡아야 한다.

절박한 심정으로 나무 심기

교회 교육이 지금보다 더 나아지기 위해서는 현재의

교육 프로그램과 교재를 냉정히 평가하고 분석해야 한다. 도시와 농어촌의 교회들, 규모가 크거나 작은 교회들의 교사와 학습자들을 대상으로 만족도와 효과 등의 객관적인 조사를 해 봐야 한다. 조사는 외부에 맡겨야 정확한 결과를 얻을 수 있다.

또한 이미 현장에서 좋은 성과를 내고 있는 '어와나' 같은 프로그램을 전국 교회에서 발굴하고 조사해서 교회 교육에 과감히 반영해야 한다. 또 전국의 교사들을 대상으로 프로그램 공모를 하면 훌륭한 작품이 나올 것이다.

마지막으로 학습자는 교사의 수준을 넘지 못한다. 교회는 새로운 교육 방향과 내용, 교수 방법을 전파할 교사들을 어떻게 효과적으로 양성할 것인지 대책을 세워야 한다. 다음 세대 교육은 교회의 미래가 달려 있는 중요한 과제다. 몇 사람의 집필자를 통해서 공과를 만들어 내는 것으로 그칠 일이 아니다.

다른 교단이나 일반 전문가들까지 끌어들여 교사들의 가슴을 두근거리게 할 교육 청사진을 내놓아야 교회에 소망이 생긴다. "나무를 심어야 할 가장 좋은 시기는 20년 전이었다. 그 다음으로 좋은 시기는 바로 지금이다"라는 아프리카 속담이 있다.

바로 지금이, 교회의 소망이 될 나무를 심어야 할 때다. 절박한 심정으로 나무를 심자.

09

명확하고,
쉽고, 간결하게
가르치는 법

어렵게 말하고 나서
"쉽게 말하면"이라 하지 말고
처음부터 쉽게 말해야 한다.

ᶜᵉᵉ 말씀 담는 바구니- '배느실', '없줄새키'

샘에 물이 가득해도 그릇이 없으면 담아갈 수 없다. 시장에 좋은 물건들이 쌓여 있어도 장바구니가 없으면 가져갈 수 없다. 아무리 급해도 그물에 물을 퍼 담을 수 없고, 작은 상자에 수박을 담을 수는 없다. 공부도 마찬가지다. 공부를 잘하는 학생은 지식과 정보를 담을 좋은 바구니를 갖고 있다. 우선 필기하는 방식부터 다르다. 배운 것 중에서 잘 모르는 것, 더 알아볼 것, 암기할 것 등으로 분리해 둔다.

그러나 적지 않은 학생들이 학습 방법에 미숙해서, 대학에서는 신입생들에게 학습법을 가르쳐 주기도 한다. 물론 교수법도 문제다. 그래서 필자는 '한 줄 소감'

으로 수업을 마무리한다. 그날 수업 내용 중 자신이 중요하다고 생각한 내용을 짝꿍에게 설명하게 한다. 그것을 준비해야 하니 강의에 더 집중하리라는 기대감도 있다.

요즘 참고서나 큐티책들은 독자가 내용을 제대로 소화할 수 있도록 편집이 잘 돼 있다. 이런 책들처럼, 교사들도 아이들이 내용을 잘 소화할 수 있도록 배려를 해 주면 좋겠다. 혹시 아이들에게 일방적으로 전달하고만 있지는 않은지 생각해 볼 필요가 있다.

또한 아이들이 들은 말씀에서 작은 것이라도 적용해 볼 수 있도록 돕는 것이 중요하다. 그래서 아이들이 말씀을 담아갈 수 있는 방법으로 두 가지의 말씀 바구니를 소개한다.

배운 것	느낀 것	실천할 것

배느실 바구니

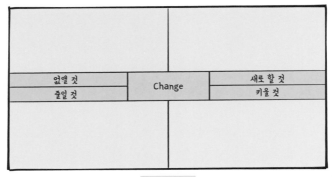

없앨 것	Change	새로 할 것
줄일 것		키울 것

없줄새키 바구니

첫 번째 바구니는 '배느실'(LFD)이다. 메시지 중 배운 것(Learn)과 느낀 것(Feel)을 정리하는 바구니다. 배웠거나 느낀 것이 있어야 실천할 것(Do)이 생긴다. 깨달음이나 감동이 있어야 작은 실천(변화)이 따른다. 두 번째 바구니는 '없줄새키'(ERCR)다. 메시지를 들으면서 깨달은 '내 삶에서 없앨 것(Eliminate), 줄일 것(Reduce), 새로 해 볼 것(Create), 키울 것(Raise)'을 나눠 정리하는 바구니다. 그중 하나만 찾아도 삶에 변화가 올 것이다. 아이들에게 작은 말씀 바구니를 하나씩 건네 보자. '배느실'이나 '없줄새키' 양식을 그려 주고, 각자 소화한 메시지를 자기들의 언어로 정리하여 삶 속에서 실천하게 해 보면 어떨까?

명확하게, 쉽게, 간결하게

두 사람이 똑같은 규격의 종이를 들고 서로 등지고 앉는다. 한 사람이 종이를 오려 모양을 만들면서 등진 사람도 똑같은 모양을 만들도록 말로 설명을 한다. 실제로 해 보면 대부분 실패한다. 자기가 만들려는 모양을 등진 사람에게 효과적으로 표현하지 못해서다.

대형 마트가 좋은 상품을 확보했다고 해서 매출이 좋아지는 것은 아니다. 고객들에게 그 정보를 잘 알려 주고, 고객이 그 물건을 원하는 때에 쉽게 구입할 수 있게 유통 시스템을 갖춰야 한다. 가르치는 일은 정보를 유통하는 직업이다. 학식이 높고 인품이 훌륭한 교사라고 다 잘 가르치는 것은 아니다. 콘텐츠가 100점이라 해도 전달력이 50점이면 효과는 50점이다. 그러나 콘텐츠는 80점이지만 전달력이 100점이면 효과는 80점이다.

교사는 학생이 궁금한 것이 더 이상 없도록 명확히 (Correct) 말해야 한다. 어렵게 말하고 나서 "쉽게 말하면"이라 하지 말고 처음부터 쉽게(Easy) 말해야 한다. 또한 복잡한 내용일수록 짧고 간결하게(Simple) 말해야 한다. 그래야 아이들이 기억한다. 내 다이얼을 아이들의 주파수에 맞춰야 메시지를 효과적으로 전달할 수 있다.

종이 신문에는 뉴스 기사, 사설, 광고라는 세 가지 내용이 실린다. 뉴스 기사는 일종의 설명이다. 독자가 영상을 보는 것처럼 이해하도록 육하원칙에 따라 명확하고, 쉽고, 간결하게 써야 한다. 사설은 주장이다. 사설은 반론이 나오지 않도록 충분한 근거와 사례를 제시하며 써야 한다. 광고는 설득이다. 광고는 모든 방법을 총동원하여 독자가 상품을 구매하게끔 해야 한다. 그러자면 구체적인 구매 방법도 제시해야 한다.

학교 교육의 목적이 지식을 쌓는 데 있다면, 교회 교육의 목적은 삶을 변화시키는 데 있다. 알고 느낀 것을 행동으로 옮길 수 있도록 도와줘야 한다. 섭씨 99도에서는 물이

섭씨 99도에서는 물이 끓지 않는다. 장황한 설명이나 주장만으로 행동을 이끌어 내기는 어렵다.

끊지 않는다. 장황한 설명이나 주장만으로 행동을 이끌어 내기는 어렵다. 고객이 지갑을 열어 물건을 구입할 때 광고가 비로소 완성되듯, 아이들이 말씀을 작은 것이라도 삶에 구체적으로 적용할 수 있을 때 교회 교육도 완성된다.

10

가장 좋은 가르침은
아이들이 궁금해하는
내용이다

가르치고 싶은 것만
가르치지 말고, 아이들이
알고 싶어 하는 것을 가르치자.

ᏟᏔᏔ 궁금해하는 것을 가르치라

어느 기업 연수원 휴게실에 눈길을 끄는 안내문이 붙어 있었다. 그곳 생활에 필요한 정보를 'Q&A'식으로 만들어 알기 쉽게 설명해 주는 내용이었다. 일과 후 저녁 시간에 가 볼 만한 음식점들도 안내하고 있었다. 사람들이 비슷한 질문을 자주 해 오니까 빈도수가 높은 질문 열 가지 정도를 뽑아 답을 적어 놓은 것이었는데 퍽 유용했다.

오래전 척 스미스 목사가 시무하는 미국 갈보리교회를 견학한 적이 있다. 그 교회 교인들은 목회자에게 상담하고 싶은 내용이 있으면 신청서에 적어 상담실에 제출했다. 그러면 목회자와 전문가들이 그 내용을 읽고 거기에 맞는 답변을 녹음테이프로 만들어 주었다. 그것을 들어 보고 나서도 더 알고 싶으면 다시 신청서를 내고, 더 자세한 답변이 담긴 녹음테이프 자료를 다시 제공받았다. 그래도 안 되면 목회자를 직접 만나 상담을 한다. 녹음테이프 리스트를 보니 그 내용의 종류가 수백 가지는 되는 것 같았다. 교인들의 '필요'(needs)에서 출발하는 획기적인 신앙 교육 방식이었다.

마찬가지로 교사들도 아이들의 필요를 알기 위해 세밀하게 관심을 기울여야 한다. 아이들이 일상에서 무엇을 힘들어 하는지, 교사에게 무엇을 물어보고 싶어 하는지 알고 있어야 한다. 아이들과 자연스레 소통하거나 아이들 대상으로 설문조사를 해 보면 다양한 질문거리들이 나올 것이다. 그러려면 먼저 아이들의 일상의 스케줄을 알아봐야 한다. 아이들이 그 안에서 무엇을 공부하고 어떤 활동을 하는지 알아야 그들의 고민과 필요를 알아낼 수 있다.

그리고 그중 가장 많이 나온 것들을 연구해 답변을 제시해 줘야 한다. 무엇보다 성경말씀을 근거로 여러 해법을 제시하는 것이 좋을 것이다. 더 나아가 질문과 해법을 소책자 시리즈로 제작해 교회학교 내에 비치하면 어떨까? 또는 짧은 동영상 시리즈로 제작해서 교회 홈페이지에 게시해 두면 어떨까? 가르치고 싶은 것만 가르치지 말고, 아이들이 알고 싶어 하는 것을 가르치자. 좋은 가르침은 아이들의 필요에서 시작한다.

ᑌᑌ 변화는 소통과 공감으로부터

우리의 학교 교육은 하나의 답을 요구한다. 예를 들면 '2+3=( )'식이다. 이런 문제를 잘 풀려면 남이 이미 찾아낸 답을 검색해서 외우는 수밖에 없다. 그러나 이 문제를 다르게 접근해 보자. '( )+( )=5'라는 문제는 사색을 필요로 한다. 답은 '1.1+3.9, 1.11+3.89' 등 무한대다. 그럼에도 수능시험에 '2+3=( )'식의 문제가 나오는 것은, 채점의 편의를 위해서다. 이로 인해 우리의 교육은 초등학교 때부터 검색과 암기 위주로 탈선해 가고 있다.

'사경회'는 우리 초대교회 시절의 성경공부 집회였다. 이 사경회가 언제부터인가 '부흥회'로 바뀌었다. 그런데 부흥회에서는 "믿습니까?" "아멘!"이라는 폐쇄적인 문답이 수없이 반복되곤 한다. 이런 문답은 청중에게 사색할 여유를 주지 않는다. 이렇게 남에 의해 형성된 신념은 적의 공격에 매우 취약할 수밖에 없다. 마찬가지로 교회의 교육 방식도 주입식이거나 수비적인 방법이 많은 것 같다. 남이 만들어 준 답은 온전히 내 것이 되기 어렵다.

교육의 목적은 '변화'에 있다. 변화는 소통과 공감을 통해 진행된다. 내게는 '6'으로 보이는 숫자가 상대방에게는 '9'로 보일 수 있음을 깨달을 때 변화는 시작된다. 교사의 눈높이를 낮추고 아이들의 눈높이에서 먼

저 생각해 보자. 공감하고 소통하기 시작하면 아이는
서서히 변화될 것이다.

★
카카오톡을 활용할수록 이야깃거리가 늘어난다

• • • •

● 카카오톡 오픈 채팅을 통해 자유롭게 문자, 그림, 유튜브
  영상 등을 공유할 수 있도록 유도한다. 또한 그 안에서 퀴
  즈 풀기, 오프라인 모임 등을 적극적으로 공유하여 아이들
  의 참여를 이끌어 낼 수 있다.

아이들 눈높이에 맞춰 쉽고 간결한 말을 선택한다

· · · ·

● 중요한 내용일수록 정확하고, 쉽고, 간결하게 전달해야 한다. 그래야 아이들이 더 잘 기억한다.

● 교사가 가르치고 싶은 것보다 아이들이 알고 싶어 하는 내용을 가르친다. 아이들에게 수시로 질문해서 궁금한 내용이 무엇인지 미리 듣고 그 내용을 해법으로 제시한다.

"아이들에게 놀이하듯
가르치는 법"

11

놀이도 교과서,
놀이에 복음을 담자!

놀이도 얼마든지
교과서가 될 수 있다.
놀이에 복음을 담자.

₡₡₡ 놀이에 복음을 담자

언젠가 청소년 여름 수련회에 놀이 전문가를 초빙해 자연 속에서 2박 3일을 실컷 놀다 온 적이 있다. 강의, 기도회 등은 줄이고, 숲을 탐험하며 '나무를 끌어안고 하나님 목소리 듣기' 같은 활동을 했다. 공부에 지친 아이들은 무척 좋아했지만, 나중에 아이들이 부모님들에게 실컷 놀다 왔다고 고백하는 바람에 문제가 생겼다. "은혜 많이 받고 오라고 학원 수업도 빠지고 수련회 보냈는데…"라며 부모들이 불만스러워했다.

일 잘하는 사람, 공부 잘하는 사람의 공통점은 무엇일까? 답은 '즐긴다'는 것이다. 어떤 일이든 그 일을 즐기는 사람이 더 잘할 수밖에 없다. 공부를 즐기는 아이들이 공부를 잘한다. 그들에게는 공부가 놀이니까. 그럼에도 공부를 중시하는 우리나라에서 '놀다'는 '공부하다'의 반대 개념이다. 심지어 실직 상태를 '논다'고 표현하고, 뭔가 잘못하고 있을 때 '놀고 있네'라고 말하면서 '노는 것'을 비하한다.

그러나 오쿠나리 다쓰는 "놀이는 삶의 환희요, 어린이를 자라게 하는 생명력이다"라며 놀이를 찬양한다. 스튜어트 브라운도 놀이의 반대말은 일(work)이 아니라 우울함(depression)이라고 했다.

아이든 어른이든 누구나 놀고 싶어 한다. 놀이는 동기를 유발해 스스로 생각하고 움직이게 해 준다. 특히 여럿이 하는 놀이는 창의성, 자기주도성, 책임감을 길러 주고 상호작용을 통해 소통과 협력도 익히게 해 준다. 그래서 교육자들은 놀이 자체가 학습 활동이며, 잘 놀아야 많은 것을 알게 된다고 말한다.

'놀 때 놀고 공부할 때 공부하는 것'처럼 어려운 일도 없다. 그보다는 '놀면서 공부하는 것'이 더 쉬울지 모른다. 그런데도 우리는 노는 것과 공부하는 것을 나누어 생각한다. "배우고 때때로 익히면 또한 기쁘지 아니한가?"(學而時習之不亦說乎)라는 말처럼 공부는 즐거운 일이다. 가르치는 이들, 배우는 이들은 즐겁게 공부하는 방법을 찾아내야 한다. 교사는 일방적으로 전하고, 학생은 받아 적기만 하는 것은 '일'이지 공부가 아니다. 폐쇄된 공간에서 책과 씨름하는 우울한 학습 방식도 이제는 버려야 한다.

교사는 일방적으로 전하고, 학생은 받아 적기만 하는 것은 '일'이지 공부가 아니다. 자기도 모르게 재미에 이끌려 생각, 감각, 행동을 스스로 총동원하는 학습 방법을 많이 만들어 내야 한다.

자기도 모르게 재미에 이끌려 생각, 감각, 행동을 스스로 총동원하는 학습 방법을 많이 만들어 내야 한다. 놀이도 얼마든지 교과서가 될 수 있다. 놀이에 복음을 담자. '성경 보드게임'처럼 교회나 가정에서 누구와도 할 수 있는 것이면 좋다.

복음이 담긴 놀이를 통해 우리는 복음을 더 깊이 깨닫고, 은혜와 기쁨을 누리며, 다양한 사람들과 소통하고 사랑하며 살아갈 수 있다.

‘Push 교육’에서 ‘Pull 교육’으로

포도나무 한 그루에는 보통 포도 50송이 정도가 열린다. 그런데 한 그루에 4,500송이가 달린 포도나무가 소개된 적이 있다. 경작법이 독특했다. 친환경적 토양과 함께 물 주는 법이 달랐다. 농부는 절대로 뿌리에 물을 주지 않고 뿌리에서 1m 이상 떨어진 곳에 물을 주었다. 목이 마르면 뿌리가 뻗어 나와서 먹으라는 것이다. 그렇게 하니, 뿌리가 튼튼해지고 줄기도 40m나 뻗어나와 다른 포도나무보다 100배 이상 열매를 맺었던 것이다.

학교가 없던 시절, 시골에는 ‘서당’이 있었다. 어린이들은 서당에서 “하늘 천, 땅 지…” 하며 구구단 외듯 한문을 공부했다. 교사가 학습자의 머릿속에 답을 밀어 넣는 단계였다. 학습자는 자극하면 반응한다는 행동주의적 교수 학습법이다. 그 후 산업화가 이루어지면서 주입식 교수 학습법은 한계를 맞았다. 그래서 학습자의 동기(흥미)를 유발시켜 지식을 탐구하게 하는 인지주의 교수 학습법이 시도되었다.

그러고 나서 정보화 시대가 시작되었다. '집단, 표준, 보편, 확실'이라는 100인 1색의 시대가 가고 '개인, 다양, 창의, 불확실'의 100인 100색 시대가 되었다. 여기에 IT기술이 발전하고 소통 방식이 쌍방향으로 바뀌면서 수업의 방식이나 교사의 역할도 달라졌다. 그래서 나온 것이 학습자 주도, 거꾸로 학습, 참여와 체험, 상호작용, 토론(집단지성), 문제 해결 학습 같은 것이다. 수업의 주체는 교사에서 학생으로 바뀌고 교사 역할도 지식 공급자에서 도우미, 학습 촉진자로 바뀌기 시작했다. 요리의 주체가 요리사에서 식객으로 넘어가듯, 학습자 스스로 지식을 선택해 구성한다는 구성주의 교수 학습 시대가 왔다. 그럼에도 정보화 선진국인 우리나라의 교수 학습 분야는 여전히 초보 단계를 넘어서지 못하고 있다. 대학 입시 때문이다.

가르치고 배우는 과정은 교사와 학생 간의 '밀당'(밀고당기기)이라 할 수 있다. 교회에서도 어린이, 청소년을 대상으로 다양한 교육을 진행하고 있지만 답을 밀어 넣는

'Push 교육'을 벗어나지 못하고 있다. 많은 교사의 관심은 여전히 "교사가 무엇을 어떻게 가르칠 것인가?"에 있다. 이 질문을 "학습자가 어떻게 스스로, 즐겁게 공부하게 할 것인가?"로 바꿔야 한다.

교사가 먼저 학습자를 학습의 주체로 보고, 학습자 스스로 자신이 학습의 주체임을 인식하도록 도와야 한다. 펌프에 마중물 부어 주며 물을 끌어올리듯 'Pull 교육'으로 전환해야 한다. 그래야 앞서 소개한 포도나무처럼 자생력을 길러 많은 열매를 맺을 수 있다.

12

교육 환경은
단막극의 무대 같은 것

연극과 달리 교육은
단막극이다.
최적의 환경을 조성해야
교육이 성공한다.

~~~ 교사와 아이들의 거리는 가까울수록 좋다

연극의 4대 요소로 희곡, 배우, 관객, 무대를 꼽는다. 교육에 빗대자면 희곡은 내용(Contents), 배우는 교수자(Facilitator), 관객은 학습자(Learner), 그리고 무대는 교육 공간인 셈이다. 무대는 연극이 이뤄지는 마당(場)이다. 희곡은 무대에서 배우의 연기로 실현되며, 청중은 이곳에 시선을 집중한다.

연극은 막을 열고 닫으며 진행되는데, 그 막간(幕間)에 무대의 환경(Condition, Setting)이 달라진다. 배우의 연기를 빛나게 해 주는 것은 적절한 환경이다. 교육에도 열정, 내용, 교수 방식 못지않게 좋은 환경이 필요하다. 이를 '간'(間), '구'(具), '심'(心)으로 정리해 보겠다.

첫째, '간'(間)은 교수자와 학습자, 학습자와 학습자 간의 거리를 말한다. 물리학자 홀은 공간적 거리가 멀어질수록 심리적 거리도 멀어진다고 했다. 교수자와 학습자 간의 거리가 가까워야 소통이 잘된다. 소통이 잘 되어야 교육이 잘 이뤄진다. 뿐만 아니라 학습자와 학습자 간의 심리적 거리도 가까워야 한다.

기업의 교육은 학교나 교회보다 훨씬 앞서 간다. 기업 교육 현장에는 교단이 없다. 교탁도 학습자의 책상과 높이가 같다. 그래야 소통이 잘되기 때문이다. 그런 점에서 예배 공간은 강단이 너무 높은 데다가 강단과 회중석이 너무 멀어 교사와 아이들 간의 심리적 거리도 멀어진다. 소통이 안 되는 구조다. 권위와 일방적 전달을 위한 구조는 교육하기에 최악의 조건이다. 그럼에도 많은 교회학교가 이런 열악한 환경에서 교육을 하고 있다.

소통을 막는 장의자를 치우자

학습자와 학습자 간의 심리적 거리도 소통에 적잖은 영향을 미친다. 그 소통을 막는 주범이 바로 장의자와 계단이다. 배에서 가장 영향력 있는 사람은 누구일까? 선장? 아니다. 그 배를 만든 설계자다. 선장이 아무리 유능해도 설계자가 만든 구조물에서 벗어날 수는 없다. 어느 초등학교 교감이 교장으로 승진하면서 신설 학교로 발령받았다. 부푼 꿈을 안고 새로 지은 학교에 가 본 그는 절망했다. 관공서 건물을 칸막이해 놓은 것 같은 교실 때문이었다. 유치원에서 곡선 모양과 다양한 색깔 등에 익숙해진 아이들을, 직선 모양과 단조로운 구조물 안에 가두고 어떻게 가르쳐야 할지 막막했다.

대학교에서 가르치는 필자는, 학기 초마다 좋은 교실을 배정받기 위해 신경을 많이 쓴다. 교실의 규격과 넓이, 영상 설비, 음향 설비, 전등 배열 등이 수업에 큰 영향을 끼치기 때문이다. 무엇보다 책상과 의자가 중요하다. 책상과 의자를 바닥에 고정시켜 놓았거나, 아예 극장처럼 좌석을 계단식으로 만든 교실은 최악이다. 아무리 열정이 있고, 내용이 좋고, 교수법이 뛰어나도 이런 구조의 공간에서는 수업 효과를 기대하기가 어렵다.

대부분의 교회는 예배실을 교육 공간으로 겸해 쓴다. 그런데 예배실은 장의자들로 가득하다. 좁은 공간에 많은 회중을 앉히기 위해서다. 그러나 장의자는 사람과 사람 사이를 단절시킨다. 앞뒤좌우 사람과 얼굴을 마주할 수가 없다. 그렇다고 해서 의자를 치우기도 어렵다. 무겁기도 하고 옮겨 놓을 공간도 없다. 이렇게 쌍방 소통이 불가능한 19세기 교육 환경에서, 20세기 교사들이 21세기 아이들을 가르치는 게 우리 교회 교육의 현실이다.

교육 공간은 반드시 이동식 책상과 의자로 구성되어야 한다. 예배와 교육을 겸하는 공간도 마찬가지다. 그래야 4-5명이 벌집처럼 마주 보고 앉아 소통하며 필요한 활동을 할 수 있다. 필자가 아는 한 교회는 본당 의자를 1인용으로 해서 필요에 따라 배열을 바꿔 사용한다. 또한 어떤 교회는 예배당 좌석을 원형으로 배치하고, 가운데에 넓은 마루를 두어 다양한 활동을 할 수가 있다.

형식이 내용을 제한하듯, 구조가 교육을 제한한다. 소통을 제한하는 장의자는 교회 교육에서 큰 방해물이다. 장의자를 추방해야 교육이 산다. 차라리 의자 없는 넓은 마루가 교육에는 낫다. 학생들이 자유롭게 벌집처럼 둘러앉을 수 있는 마당과 원탁형 좌석이 필요하다.

둘째, '구'(具)를 보자. 연극처럼 교육에도 필요한 도구나 소품이 있다. 음향 설비, 영상(컴퓨터, 빔 프로젝터, 스크린) 설비 같은 것들이다. 또 교육 진행에 필요한 칠판, 실습용 교재와 소품(백지, 펜, 투명테이프, 가위, 풀 등)도 구비해야 한다. 특히 컴퓨터나 조명, 음향 설비는 교수자(강사)가 쉽게 작동할 수 있어야 한다. 스크린(모니터)도 학습자가 잘 볼 수

형식이 내용을 제한하듯, 구조가 교육을 제한한다. 학생들이 자유롭게 둘러앉을 수 있는 마당과 원탁형 좌석이 필요하다.

있는 곳에 위치해야 하고 넓이도 적당해야 한다.

셋째, '심'(心)을 보자. 교육을 진행하는 교수자나 교육을 받는 학습자의 마음을 쾌적하게 해 주는 환경이 필요하다. 온도, 소음, 냄새 등이 그것이다.

연극과 달리 교육은 단막극이다. 중간에 막을 내리고 세팅을 바꿀 수가 없다. 최적의 환경을 조성해야 교육이 성공한다.

13

말씀을
보고, 듣고, 말고,
맛보고, 느끼고

성경을 직접 재현해 보면
본문을 소리내 읽는 것보다
훨씬 더 큰 효과가 있을 것이다.

ᏧᎢᏨ 오감으로 이해하는 말씀

"예수님의 제자 중에는 왜 그림 그리는 이가 없었을까?" 필자는 가끔 이런 생각을 해 보곤 한다. 그림 그리는 이가 있었더라면 당시 상황이나 예수님의 말씀을 훨씬 더 생생하게 표현할 수 있었을 텐데 말이다.

장로회신학대학교에서 흥미로운 전시회가 열린 적이 있다. 구리 예닮교회가 마련한 '노아의 방주'라는 전시회였다. 창세기 6, 7, 8장을 배경으로 한 이 전시회에는 60분의 1로 축소된 노아의 방주와 1,300여 개의 동물 모형이 가득했다. 방주 제작에만 3개월이 걸렸다는데, 전체 목각 작품들을 만드는 데에는 도대체 얼마나 오랜 시간과 땀, 그리고 정성이 들어갔을지 짐작할 수조차 없었다. 더구나 목공을 배우지 않은 불과 15명의 성도가 이를 제작해 냈다니 여간 놀라운 일이 아니었다.

성경은 노아의 홍수 장면을 문자로만 표현하고 있다. 성경은 "정결한 짐승과 부정한 짐승과 새와 땅에 기는 모든 것은 하나님이 노아에게 명하신 대로 암수 둘씩 노아에게 나아와 방주로 들어갔으며"(창 7:8-9)라고 설명하고 있다. 이 본문만 읽고 그 장면을 상상하기란 거의 불가능하다. 그러나 이 전시회에 가서 하나님의 심판을 앞두고 생명 보존을 위해 방주로 나아가는 긴 행렬을 생생히 보니, 하나님의 구원을 실감할 수 있었다.

이 목각 작품들을 만든 이들은 나무를 자르고 깎는 작업보다 그 상황을 상상하는 데 더 많은 노력을 기울였을 것 같다. 방주를 짓고 동물들을 만들면서 하나님의 마음, 노아의 마음을 수백 번 넘게 드나들었을 것 같다.

그림이나 입체물을 활용하면 성경말씀을 보다 생생히 전달할 수 있다. 레위기에 나오는 성막 이야기는 어른들이 수십 번 읽어도 상상이 되지 않는다. 그러나 성막 모형을 보면 쉽게 알 수가 있다. 그래서 교회는 좋은 교재를 많이 개발해야 한다. 그래야 아이들에게 성경을 제대로 이해시킬 수 있다. 말이나 글만으로는 내용을 제대로 이해하지 못하는 다음 세대에게는 더더욱 그렇다.

그런데 성경 내용을 이보다 더 생생히 체험적으로 이해하게 하는 방법이 있다. 성경에 나오는 장면을 그림, 영상, 입체물로 직접 제작해 보는 것이다. 가시 면류관, 십자가, 모세의 지팡이, 다윗의 물매와 돌, 보리떡 다섯 개와 물고기 두 마리, 두루마리 성경 등을 직접 만들어 재현해 보는 것이다. 본문을 몇 십 번 소리 내 읽는 것보다 훨씬 더 큰 효과가 있을 것이다. 그래야 말씀을 아이들의 삶 속에서도 재현해 볼 수 있지 않을까?

ᏟᏍᏟ 한 사람을 위한 성경 이야기

이처럼 시각, 촉각을 활용한 활동뿐만 아니라 청각을 활용한 교육 방법도 효과적으로 활용해 볼 수 있다. 가령 '드라마 바이블'이라는 오디오 성경이 있다. 성경 본문을 그냥 읽어 주는 것이 아니라 여러 성우가 목소리로 배역을 살리면서 본문을 낭독한다. 오케스트라의 배경 음악에 효과음까지 더해져 매우 입체적이다. 옛날 라디오 전성시대 때 '연속 방송'으로 불리던 드라마를 듣는 것 같다. 4백여 명의 연기자와 성우가 참여해 4년에 걸쳐 제작한 것이다.

문자(text) 성경은 상황(context)을 담기 어렵다. 그러나 드라마 바이블은 본문이 전하려는 상황과 분위기를 어느 정도 담고 있어서 현대인들이 쉽게, 감동적으로 성경을 읽을 수 있다. 무료 어플을 다운받아 개인 묵상, 가정예배, 성경공부 모임에서 사용하면 좋을 것이다. 교회학교 예배 때도 이 드라마 바이블로 본문을 들려주면 훨씬 더 효과적으로 전달될 것 같다. 문자 성경을 이처럼 오디오 드라마로 표현해 줘도 그 효과가 크다.

성경 필사본 전시회를 관람한 적이 있다. 성경말씀을 자기 손으로 직접 쓴 작품 수백 점을 살펴보며 깊은 감동을 받았었다. 성경책을 복사라도 한듯 똑같은 크기, 똑같은 체로 쓴 것과 두루마리 성경 등 모양도 다양했다. 또 한 작가는 나무에 성경말씀을 깨알같이 적거나 새겨 놓았고, 한 서예가는 예배당 벽에 붓으로 성경말씀을 가득 채웠다. 성경 66권의 말씀 전체를 소리 내어 읽는 데에도 오랜 시간이 걸릴 텐데, 그 많은 내용을 종이에 옮겨 쓰고 예술품으로 만들다니, 놀라울 뿐이었다.

이처럼 성경말씀을 적거나 새기는 까닭은 마음에 깊이 새겨 그 말씀대로 살기 위해서다. 그게 바로 신앙교육이다. 말씀이 빠진 프로그램이나 이벤트는 신앙교육이라 할 수 없다.

"나의 사랑하는 책 비록 해어졌으나 어머니의 무릎 위에 앉아서 재미있게 듣던 말 그때 일을 지금도 내가 잊지 않고 기억합니다." 신앙인들은 이 찬송을 부르면 사실 글자를 이용한 소통 효과는 그리 크지 않다. 그보다는 목소리 효과가 크다. 감정이 섞이기 때문이다. 여기에 시선과 표정, 접촉을 더하면 그 효과는 점점 더 커진다.

서 그런 어머니를 기억하고, 그런 어머니가 되어야겠다는 생각을 한다. 아이들의 신앙 교육은 부모의 품에서, 무릎에서, 밥상머리에서 시작된다. 사실 글자를 이용한 소통 효과는 그리 크지 않다. 그보다는 목소리 효과가 크다. 감정이 섞이기 때문이다. 여기에 시선과 표정, 접촉을 더하면 그 효과는 점점 더 커진다. 물론 이보다 더 큰 건 삶으로 보여 주는 것이다.

그래서 오디오 성경 만들기를 권해 본다. 먼저 성경 내용을 정한다. 성경 전체가 어렵다면 잠언이나 에베소서처럼 한 권을 정한다. 좋아하는 말씀만 골라도 좋다. 아버지와 어머니가 한 장씩 스마트폰에 녹음해서 그 파일을 자녀의 생일이나 성탄절 때 선물해 보자. 장과 장 사이에 아이를 위한 기도문까지 더한다면 더할 나위 없이 좋을 것이다. 아이가 언제든 부모의 숨결을 생생히 느끼며 그 말씀을 들을 수 있으니 말이다.

자녀와 함께 만들어도 좋다. '모든 사람을 위한 성경'이 아니라 '오직 한 사람만을 위한 성경'이 필요하다. 필자도 손주들에게 오디오 성경 한 권씩 녹음해 주려고 준비 중이다. 그 아이들이 자신들의 아이들에게도 그것을 전해 주기를 간절히 바라는 마음으로.

14

아이들이
경험하도록
PD가 되어 보기

○
○

교사는 PD나 작가처럼,
학생을 돕는 조력자가 되어야 한다.

ᶜᵉᵉ 구경이 아니라 경험을

어떤 사람이 다이어트를 하기 위해 몇 달 동안 승마를
했다. 그 결과 5kg가 줄었다. 문제는 사람이 아니라 말
의 체중이 줄었다는 것이다. 교육 현장에서 교사는 말
하고 학생은 듣는 게 보통이다. 한쪽은 가르치고 다른
한쪽은 배우는 방식은 가장 오래된 교수법이다. 이런
방식은 답이 하나일 때, 그 답을 교사만 알고 있을 때
사용된다. 그래서 지식 중심의 학교 교육에서 많이 쓰
인다. 이러한 수업에서 학습자는 교사가 가르치는 모
습을 영화나 연극 관람하듯 구경하기 쉽다. 진짜 학습
은 교사가 한다.

　요한복음 2장에는 예수님이 물로 포도주를 만드신

이야기가 나온다. 이에 대한 해석은 사람마다 다를 수밖에 없다. 만일 교사가 본인이 묵상한 내용을 가르친다면 얼마나 효과가 있을까? 학생은 그것을 얼마나 기억할까? 이 장면을 드라마로 만들어 보자.

요한복음 2장을 드라마로 만들어 보기

1. 참석자들에게 배역을 준다. 작가, 낭독자, 배우(예수님, 마리아, 연회장, 하인1, 하인2, 손님1 등). PD는 교사가 맡는다.

2. 작가가 PD와 상의해 성경 본문으로 대본을 만든다. 약간 각색을 해도 좋다.

3. 배우들이 PD의 지도로 맡은 역할을 연습한다.

4. 발표를 한다.

   ❶ 배우들이 맡은 역할을 적어 가슴에 붙인다. 간단한 소품이나 복장을 갖추고 역할 연기를 한다. ❷ 이 장면을 스마트폰 동영상으로 촬영한다. 역할 연기 대신 오디오 녹음을 해도 좋다. ❸ 녹음하고 녹화한 것을 SNS로

공유한다.

5. 준비하면서, 역할 연기를 하면서, 느끼고 배운 점을 발표
    한다. 성경 본문을 다시 읽어 본 후 교사가 내용을 정리
    해 준다.

이것이 학생 주도의 참여, 체험 학습이다. 학습자 스스로 대본을 만들고 성경의 상황에 등장해 역할을 해 보는 것이다. 본인 스스로 경험한 것이 기억에 가장 오래 남는다.

남이 이야기하는 것에 집중하기란 정말 어렵다. 집중력이 약한 학생들에게는 더욱 그렇다. 교사 혼자 아무리 외치며 가르쳐 봐야 학습자에게 전달도 안 되고 기억에도 얼마 남지 않는다. 그래서 교사가 일방적으로 주도하는 강의 방식은 학교 교육에서도 사라져 가고 있다. 교사는 PD나 작가처럼, 학생을 돕는 조력자(Facilitator)가 되

> 학습자 스스로 대본을 만들고 성경의 상황에 등장해 역할을 해 보는 것이다. 본인 스스로 경험한 것이 기억에 가장 오래 남는다.

어야 한다.

성경에는 수많은 이야기가 등장한다. 예를 들어 마태복음 8-9장에는 예수님의 이적, 비유가 여러 편 나온다. 이런 이야기들을 위와 같은 방식으로 체험해 보게 하면 어떨까.

⚞⚞ 체험하는 예배로 삶의 변화를

우리 모두에게는 잊히지 않는 추억이 있다. 고향, 첫사랑, 처음 다녔던 교회, 군대 생활, 투병 생활 등. 이런 추억들에는 '처음'과 '충격'이라는 공통점이 있다. 이런 것을 광고에서는 '포지셔닝'(Positioning)이라고 한다. '처음의 충격'은 기억 도서관에 오래 저장되어, 인생에 적지 않은 영향을 준다.

교육은 생각과 행동에 좋은 영향을 주어 삶을 바꾸게 하는 것이다. 하나님의 말씀이 기억에 오래 남아 있어야 그렇게 살게 된다. 말씀을 잊어버리니 그대로 살지 못하는 것이다. 하나님의 말씀을 어떻게 가르쳐야 아이들이 오래 기억하게 할 수 있을까?

기억이란, 여름날의 생선과 같다. 시간이 지날수록 빠르게 상해 버린다. 지난 주일 설교 내용을 한번 떠올려 보자. 설교한 이도, 들은 이도 바로 기억나지 않을 것이다. 나이가 들어갈수록, 정보가 홍수처럼 밀려오는 삶일수록 더욱 그렇다. 심리학자 에빙하우스는 인간의 기억력을 연구해 '망각의 곡선'이라고 표현했다. "인간은 기억한 것의 대략 반을 불과 한 시간 내에 잊어버리고, 70%를 하루 안에, 80%를 한 달 안에 잊어버린다"고 말한다.

그런데도 학생들은 월요일 수업의 과제를, 그 다음 주 일요일 저녁 늦게야 시작한다. 수업 내용을 70% 이상 잊어버린 상태니 과제가 제대로 될 리가 없다. 시간도 많이 걸리고 방향이나 내용도 어긋난다. 그날 과제를 그날 하면 시간도 적게 걸리고, 학습 효과도 좋고, 내용도 충실하고, 과제를 미리 끝냈으니 기분도 좋다.

백 번 듣는 것보다 한 번 보는 것이 낫다고 한다. 맞다. 듣는 것보다 보는 것, 보는 것보다 직접 해 보는 것이 효과적이다. 듣는 공부를 추상 학습, 보고 듣는 공부를 관찰 학습, 직접 해 보는 공부를 체험 학습이라 한다. 에드가 데일이 만든 경험(기억)의 원추 그림을 보면 추상 학습보다 관찰 학습, 관찰 학습보다 체험 학습이 훨씬 효과적이다. 학습자를 학습 활동에 어떻게 참여시키느냐에 따라 기억(학습)의 효과는 크게 달라진다.

참여 형태	2주 후 기억 정도
책, 문서 (읽기)	10%
수강 (듣기)	20%
사진, 이미지 (보기)	30%
영화, 시연 (보고 듣기)	50%
토론, 대화 (직접 말하기)	70%
설명, 경험 (말하고 해 보기)	90%

경험의 원추

안타깝게도 우리나라의 학교 교육과 교회 교육은, 2주가 지나면 90%가 기억에서 사라지는 추상 학습에 의존한다. 예배도 '구경하는 예배'로 변질되었다. 효과가 10%에 불과한, 마이크에 의존하는 수동적 추상학습을 버려야 한다. 교사가 삶으로 보여 주는 관찰학습을 늘려 가야 한다. 학습자 스스로 경험해 보는 '처음의 충격'을 통해 배운 것들이 기억에 남는다. 그 기억이 아이들의 삶을 인도할 것이다.

15

아이들을
설레게 하는
칭찬 한마디

칭찬 샤워, 포스트잇 칭찬을
교회 교육에 적절히 활용해 보자.

ꙅꙅꙅ 등짝 축복

일제 강점기에 국산품 애용 운동을 벌였던 고당 조만식 장로는 민족의 사표(師表)였다. 그가 벌인 또 하나의 캠페인은 '뒤에서 좋게 말하기'였다. 소위 '뒷담화'는 그때도 고질적인 악습이었던 것 같다.

직장에서 상사에 대해, 학교에서 선생에 대해, 학부모들이 교사에 대해 흉을 보는 '뒷담화'는 요즘도 여전하다. 교회도 예외가 아니다. '뒷담화'는 언로가 막혔을 때 창궐한다. 당사자 앞에서 할 말을 못하니 뒤에서 수군거릴 수밖에 없는 것이다. 뒷담화는 스트레스를 해소시켜 주기도 하지만, 일방적이고 근거가 약해 여러 입을 거치며 확대, 축소, 왜곡되어 당사자에게 아픔을 줄 수 있다. 그게 얼마나 억울하고 아픈 건지는 당해 본 사람만이 안다. 인터넷 시대가 열리면서 뒷담화는 '악플', '가짜 뉴스'로 변신해 누군가를 험담하고 비난하는 날카로운 칼이 돼 가고 있다.

교회 교육은 삶의 변화를 추구한다. 자신에게 익숙한 삶의 습관을 바꾸는 연습이 필요하다. 필자가 자주 사용하는 '등짝 축복'(Hidden blessing)이라는 놀이가 있다. 각자 등에 A4용지를 붙인 다음, 돌아다니면서 다른 아이들의 등에 칭찬, 격려, 축복의 말을 적어 주는 것이다. 이 놀이를 통해 등 뒤에서 서로 좋게 말하는 게 얼마나 유익한지 실감해 볼 수 있다. '내가 어떤 말을 써줘야 친구가 기뻐할까?', '다른 친구는 내 등에 어떤 말을 써 주었을까?'와 같은 궁금증과 기대감 속에서 놀이를 하게 된다. 익명으로 하니 놀이가 더 재미있다. 놀이가 깊어지면 기차놀이처럼 한 줄로 서서 등에 축복의 말을 써 주는 모습을 연출하게 된다. 종이에 여백이 많은 사람을 찾아 글을 써 주기도 한다.

놀이 후 다른 사람이 써 준 축복의 글을 읽는 이들의

표정은 한결같이 싱글벙글 쇼
다! 누가 이 글을 써 주었는지
필적 감정을 해 보기도 한다.
그중 가장 마음에 드는 것 하
나씩 소개하다 보면 분위기는
절정에 이른다. 평소 칭찬을

맛을 봐야 물건을 사는 것처럼 뒤
에서 좋게 말해 주는 재미를 스스
로 느껴 봐야 그렇게 살게 된다.

받아 보지 못한 아이들은 감동하기도 한다. 이어 서로
손을 잡고 "누군가 나를 위해 기도하네"라는 노래를 부
르면서 놀이를 마무리한다.

　대형 마트에서는 왜 고객에게 시식 기회를 제공할
까? 맛을 봐야 물건을 사기 때문이다. 뒤에서 좋게 말
해 주는 재미를 스스로 느껴 봐야 그렇게 살게 된다.
삶을 바꿔 주는 게 교육이다.

🎵 칭찬 샤워와 포스트잇 칭찬

아프리카 바벰바 부족에는 범죄자가 없다고 한다. 이

부족에게는 특별한 전통이 있기 때문이다. 누군가가 공동체에 해 끼치는 행동을 한 경우, 그들은 다른 사회처럼 잘못한 이를 벌하지 않는다. 오히려 그를 가운데 앉히고 여러 사람이 둘러앉아 평소 그가 했던 좋은 일들을 찾아내 칭찬하고 격려하고 감사한다.

필자는 수업 때마다 '칭찬 샤워'라는 것을 한다. 팀별로 한 사람씩 세워 놓고 그를 향해 팀원들이 칭찬, 격려, 감사의 말을 해 준다. 샤워기에서 물이 쏟아지듯, 순서 없이 계속 칭찬을 해 준다 해서 '칭찬 샤워'라고 이름 붙였다. 서로 깊이 알지 못하는 학기 초에는 "옷이 잘 어울린다", "표정이 좋다", "헤어스타일이 새롭다" 등등 외모 평이 주를 이룬다. 그러나 학기 중반이 되면 "참 친절하다", "인사를 늘 먼저 한다", "궂은일을 잘 한다", "리포트를 잘 쓴다", "어제 식당에서 먼저 인사를 해 줘 고마웠다" 등등 성품이나 행동에 관한 칭찬이 쏟아진다.

칭찬 샤워가 끝나면 '셀프 칭찬'을 하게 한다. 자신이 받은 칭찬 중 가장 마음에 드는 말로 스스로를 칭찬하는 것이다. 손거울을 들고 거울 속의 자신을 바라보며 말한다. "00야, 너 참 성실하구나!"

남을 칭찬하는 것, 남들로부터 집중적으로 칭찬받는 것, 자신을 칭찬하는 것, 이 모든 행동을 여간 어색해 하는 게 아니다. 왜 그럴까? 평소 연습이 안 돼서 그렇다. 매주 연습을 해 보면, 칭찬하고 칭찬받는 게 얼마나 즐거운 일인지 알게 된다. 그 맛을 아는 어떤 학생은 자신에게 칭찬과 격려가 필요하다며 칭찬을 해 달라고 자원하기도 한다. 칭찬을 생활 속에서 실천하는 것이 그리스도인의 삶 아닐까.

그 사람을 바라보면서 칭찬하는 게 어색하면 포스트잇을 이용해 보면 좋다. 구체적인 칭찬, 격려, 감사의 말을 포스트잇에 적어 등에 붙여 주는 방식이다. 말로 하는 것보다 훨씬 깊은 내용을 담을 수 있다. 당사자로서는 어떤 내용이 자신의 등에 붙어 있는지 궁금해 흥미를 더해 준다.

어느 교회의 소통 세미나에서 목사, 장로들을 앞으로 나오게 해 교인들이 감사와 격려의 포스트잇을 등에 붙여 주는 의식(?)을 거행해 봤는데 아주 감동적이었다. 아마 그 포스트잇들은 그분들 책상 앞 벽에 여전히 게시돼 있을 것 같다. 그것을 볼 때마다 얼마나 기쁘고 힘이 날까?

필자는 오늘 수업에서 그에게 가장 어울리는 직업이 무엇인지를 동료들이 적어서 등에 붙여 주는 시간을 가졌다. 그런 후 그 종이들을 집계해서 발표했는데 의외의 직업들이 나와 한바탕 웃었다. 서로 잘 아는 사이라면 이런 추천 방식이 나름 유용할 수도 있을 것이다. 다른 사람 눈에 비친 나를 엿볼 수 있기 때문이다. 칭찬 샤워, 포스트잇 칭찬을 교회 교육에 적절히 활용해 보자.

16

관심을 사로잡는
대화의 비결

자신이 가르치는 학생과
공통점 만들기를 잘해야
금세 친해지고
소통이 쉬워진다.

᧐ 얼음부터 깨고 시작! – 통통 인터뷰

늦은 밤, 술에 취해 거리에서 큰 소리로 노래 부르는 것을 사자성어로 뭐라 할까? 필자는 언제나 이런 재미있는 퀴즈나 유머로 수업을 시작한다. 경직된 분위기를 깨고 청중의 관심을 끌면서 학생들이 창의력을 발휘할 기회를 주기 위해서다. 답을 '고성방가'라고 생각하겠지만 뜻밖에 이런 답도 나온다. '이럴수가', '미친건가', '아빠인가' 등. 그중 가장 재미있는 답을 낸 학생에게는 선물을 준다.

학교나 교회에서 우리가

재미있는 퀴즈나 유머로 수업을 시작한다. 경직된 분위기를 깨고 청중의 관심을 끌면서 학생들이 창의력을 발휘할 기회를 주기 위해서다.

만나는 수업이나 설교는 대부분 딱딱하고 경직되어 있다. 아이들은 침묵하고 오로지 교사에게 집중하는 분위기다. 아이들과 함께 둘러앉은 자리에서조차 말이다. 마치 칸막이 해 놓은 정숙한 독서실 분위기다. 이런 분위기는 아이들을 더 얼어붙게 만든다. 아이들끼리 서로 잘 알지 못할 때, 인원이 많을 때에는 더욱 그렇다. 교사와 학생, 학생과 학생 사이가 얼어붙어 있는 상태에서는 교육 효과가 떨어질 수밖에 없다. 결혼식장 피로연에서 잘 모르는 사람과 같은 식탁에 앉았을 때처럼 말이다. 다른 교회에서 예배드릴 때와 비슷하다. 교사와 학생, 학생과 학생 사이의 얼음장을 녹여야 소통도 가능해진다. 이것을 아이스 브레이킹(Ice Breaking)이라 하는데, 본격적으로 가르치기 전에 꼭 필요한 작업이다.

필자가 개발한 통통 인터뷰를 소개한다. 이 인터뷰는 서로 잘 알지 못하는 30명 이상의 집단에 적합하다. ① 아이들이 서로에게 작은 관심을 가질 만한 문항을 10개 정도 만든다. 예를 들면 "연예인 ○○○와 닮았

네", "매주 교회에 안 빠지고 나오는 게 대단해", "오늘 입은 옷 멋있다" 등 상대방이 기분 좋아할 만한 질문지를 1인당 1매씩 나눠 갖는다. ② 이것을 들고 돌아다니면서 거기에 해당된다고 생각되는 친구를 만나 인사하고 그의 서명을 받는다. 한 문항에 여러 사람의 사인을 받아도 된다. 교사도 함께 참여하는 게 좋다. 긍정적인 내용이어서 즐겁게 대화할 수 있다. ③ 인터뷰를 마친 후에는 자신에게 가장 많이 서명해 준 문항이 어떤 것인지 옆 친구와 이야기를 나눠 본다. 인터뷰는 모임을 마친 후 이어지기도 한다.

교회학교의 모든 활동은 이렇게 화기애애한 분위기에서 시작되어야 아이들이 질문도 자연스레 할 수 있다. 통통 인터뷰로 얼음장부터 깨고 시작하자!

공통점 찾기, 차이점 찾기

아이들의 관심을 집중시킬 수 있는 또 하나의 방법이

있다. 사람과 사람은 출신 학교, 취미, 관심사 등 닮은 게 많을수록 친근감을 느끼기 마련이다. 서로 차별하지만 않는다면 사람과 사람 간에 공통점을 찾는 것은 관계 형성에 좋은 일이다. 아이들도 마찬가지로 서로에게 소속감을 느낄 수 있다.

두 개의 원이 따로 있으면 아무런 관계가 생기지 않는다. 서로 다가서서 겹치는 부분을 넓혀 나가야 소통이 되고, 교육도 가능해진다. 교사는 자신이 가르치는 학생과 공통점 찾기, 공통점 만들기를 잘해야 한다. 그래야 금세 친해지고 소통이 쉬워진다.

그러나 공통점을 찾는 것은 쉽지 않다. 다양한 아이가 있으니 당연히 차이점이 더 많다. 그러므로 '공통점 찾기'보다 '차이점 존중하기'가 더 중요하다. 세대가 다른 교사와 학생 사이에는 차이점이 훨씬 더 많다. 교사가 자신과 다른 점을 '틀린 것'으로 여기는 것은 경계해야 할 일이다. 오히려 나와 다른 점을 인정해 주고 존중하는 것이 진정한 사랑의 시작임을 가르쳐야 한다.

다음 표에는 다양한 문제들이 있다. 두 사람이나 그

이상의 멤버들이 함께 문제를 풀어 보면서 서로 공통점과 차이점을 맞춰 볼 수 있다. 그러다 보면 다른 사람의 특성을 이해하고 그들과 보다 친밀한 관계를 이루어 나갈 수 있을 것이다.

친구와 같은 점, 다른 점을 찾아보기

1. 가장 좋아하는 계절은?

① 봄 ② 여름 ③ 가을 ④ 겨울

2. 공부할 때 음악을 듣는가?

① 듣는다 ② 안 듣는다

3. 처음 보는 친구가 옆에 있다면?

① 먼저 인사한다 ② 친구가 할 때까지 기다린다

4. 길을 모를 때 어떻게 할까?

① 사람에게 묻는다 ② 혼자 찾는다 ③ 헤매다 묻는다

5. 예배당에서 주로 어디에 앉나?

① 앞 ② 뒤 ③ 가운데

6. 글씨 쓰는 손은?

① 오른손 ② 왼손 ③ 양손 모두

7. 좋아하는 책을 읽는 방법은?

① 대충 훑는다 ② 처음부터 읽어 나간다

8. 혈액형은?

① A ② B ③ AB ④ O ⑤ 기타(   )

9. 달걀에서 좋아하는 부위는?

① 노른자위 ② 흰자위

10. 태어난 달은 언제인가?

11. 내 전화번호 끝자리 숫자는?

12. 좋아하는 프로그램은?

13. 가장 재미있게 할 수 있는 것은?

14. 지금 가장 듣고 싶은 말은?

⭐

아이들을 설레게 하는 그릇에 말씀을 담자

• • • •

● 보드게임, ox퀴즈 등 놀이라는 그릇을 통해 말씀을 즐겁
   게 접하도록 돕는다.

● 말씀을 오감으로 전달할수록 기억에 남는다. 말씀을 시각적
   으로 볼 수 있도록 이미지나 유튜브 자료를 활용하거나 오
   디오 성경을 통해 새로운 목소리로 말씀을 접하도록 한다.

구경꾼이 아니라 참여자가 되게 하라

• • • •

● 등짝 축복, 포스트잇 칭찬 등을 활용해 분위기를 즐겁게
유도할 수 있다. 즐거운 분위기는 소통의 출입문이다.

● 공간의 거리감을 좁힐수록 좋다. 특히 소통을 막는 장의자
보다 서로를 바라보며 이야기할 수 있는 원형으로 좌석을
배치하는 것이 좋다.

4장

교사의
무릎

"더 좋은 교사가 되기 원하는
당신에게"

17

아이들이
처음 만나는 교사는
부모다

신앙 교육의 장을 교회에서
가정으로 되돌려 놓아야 한다.
그것이 다음 세대를
살리는 길이다.

ᏒᏒᏒ 부모 주일학교와 세대 통합 예배

코로나19 사태로 몇 달째 가정에서 주일예배를 드리면서, 우리는 참 많은 것을 체험할 수 있었다. 무엇보다도 온 가족이 함께 집에서 예배를 드린 게 가장 큰 경험 아니었을까. 지금까지 어른들은 일로, 아이들은 공부로 집 밖에서 맴돌다 그저 먹고 자기 위해 집에 들어온 감이 없지 않다. 주일이 돼도 마찬가지였다. 온 가족이 뿔뿔이 흩어져 자기 소속 부서에 가서 활동하고 귀가하는 신앙생활에 익숙했었다. 그런데 코로나19가 온 가족을 한자리에 모이게 했고, 주일예배를 함께 드리면서 온 가족이 같은 신앙의 눈으로 세상을 바라보고 있음을 확인할 수 있었다.

교회는 예배당 안에서만 교회 교육을 이루려 했다. 그러나 이번 사태로 인해 가정에서 예배를 드리면서 가정이 신앙 교육의 중심이 되어야 하고, 신앙 교육 공동체가 되도록 교회가 도와야 함을 알게 됐다. 그리고 교회학교도 더이상 '학교'가 아니라 '신앙 공동체'로 변해야 함을 알게 됐다.

에릭슨은 자녀 인격에 영향을 미치는 대상 1위로 부모(49%)를 꼽았다. 그 다음이 교사(22.5%), 형제자매(8.5%) 등이다. 자녀들은 부모의 성품, 가치관, 신앙을 그대로 닮을 수밖에 없다. 그럼에도 그동안 부모들은 자녀의 신앙 교육을 교회학교에만 맡겨 왔다. 그러나 이제 깨닫고 반성해야 할 때다. '난 사람' 교육은 학교와 학원에 맡길 수 있겠지만, '신앙적으로 된 사람' 교육은 교회학교에만 맡길 수 없다는 것을 명심하자.

가정의 다음 세대가 건강해야 교회의 다음 세대도 건

'난 사람' 교육은 학교와 학원에 맡길 수 있겠지만, '신앙적으로 된 사람' 교육은 교회학교에만 맡길 수 없다는 것을 명심하자.

강해진다. 그래서 신명기 6장은 부모들에게 "이 말씀을 너는 마음에 새기고 네 자녀에게 부지런히 가르치며…"(신 6:6-7)라고 명령한다.

아이를 학원에 보내듯 교회학교에 보내는 것으로 부모 책임을 다했다고 생각하지 말자. 일주일에 한 번이라도 부모와 자녀가 소통하는 시간을 갖자. 교회는 부모 주일학교를 개설해 가정에서 부모가 자녀와 어떻게 소통하며 신앙을 가르칠 것인지를 체계적으로 가르쳐야 한다. 쉽고 흥미로운 교재도 마련해 주어야 한다. 신앙 교육의 장을 교회에서 가정으로 되돌려 놓아야 한다. 그것이 다음 세대를 살리는 길이다.

세대 통합 예배도 필요하다. 분기에 한 번이라도 온 가족이 나란히 앉아 주일예배를 함께 드릴 수 있도록 교회가 배려하자. 예배 분위기가 좀 어수선하면 어떤가. 이날만은 모든 세대가 모여 예배를 드리면 좋겠다.

지금까지 부모들은 자녀 신앙 교육을 교회학교 교사에게 의존해 왔다. 그러나 자녀 신앙 교육은 1차적으로 부모의 책임이며, 부모가 가정에서 삶을 통해 자녀를 가르치는 것이 더욱 중요해졌다. 이제 교회는 부모가 가정에서 자녀를 잘 가르치도록 도와야 한다.

⸎ 넘어야 할 산, 온라인 예배

갑작스런 온라인 예배 실시로 목회자들도, 교인들도 혼란에서 쉽게 벗어나지 못하고 있다. 큰 교회는 큰 교회대로, 작은 교회는 작은 교회대로 미처 예상하지 못한 어려움을 겪고 있다. 넓든 좁든, 한 공간에 모여 공동체가 함께 예배한다는 것이 얼마나 고마운 일이었는지를 새삼 깨닫게 된다. 온라인 예배는 가정예배가 아니라 가정에서 드리는 '주일예배'라는 점을 명확히 해야겠다.

온라인 예배는 예배 인도자와 회중이 떨어져서 예배하는, 매우 익숙하지 않은 방식이다. 특히 노인이나 장애인 같은 정보 취약 계층이 접근하기 어려운 게 큰 문제다. 그럼에도 불구하고 온라인 예배는 한국 교회가 언젠가 넘어야 할 언덕이다. 온라인 예배에 대한 경험은, 적어도 교회 교육에는 매우 긍정적인 효과가 있을 것으로 기대한다.

온라인 예배를 위해서는 PD, 촬영, 편집 등 전문가 스태프가 필요하다. 모든 스태프가 가장 먼저 이해해야 할 것은 예배자가 처한 상황이다. 예배자들은 대부분, 매우 산만한 환경에서 가족들과 함께 스마트폰이나 TV로 예배를 시청할 가능성이 높다. 이런 상황에 있는 이들에게 단순히 오프라인 예배를 중계한다면, 머지않아 '구경하는 예배'가 되기 쉽다. 온라인 예배에서는 예배자들의 이목을 집중시키기 위한 연출이 반드시 필요하다. PD는 그 방법을 강구해야 한다.

그러려면 설교, 기도가 짧고 집중적이어야 한다. 예배 시간은 30-40분 정도가 적당하다고 본다. 그리고 예배자를 예배 순서에 참여시켜야 한다. 예배자들이 본문을 읽거나 의견을 나누게 하면 어떨까? 공동 기도문을 화면에 띄워 한 목소리로 기도하게 하면 어떨까? 교회 소식을 KBS 9시 뉴스처럼 꾸미면 어떨까? 청소년 예배의 경우, 청소년들 스스로 온라인 예배를 제작하라고 맡겨 보면 어떨까? 찬양은 그동안 녹화해 두었던 찬양곡 중에서 고르면 어떨까?

누구보다 중요한 건 예배자다. 예배자는 예배 복장부터 제대로 갖춰야 한다. 하던 일을 모두 중단하고 예배에 집중해야 한다. 어른들이 먼저 모범을 보여야 아이들이 자연스레 체득할 수 있다. 가능하면 모두가 함께 볼 수 있는 넓은 모니터를 이용하는 게 좋다. 각자 자기 스마트폰을 보는 건 피하는 게 좋다. 가정에서 예배한 후 그 장면을 카카오톡 방에서 나누는 것도 효과적이다. 온라인 예배는 단순히 오프라인 예배 방송을 연결해 시청하는 게 아니라, 하나님과의 만남이 되어야 한다.

18

온라인이라는
만남의 장

교사는 수시로
문자, 보이스톡, 페이스톡을 통해
심방, 기도, 대화 등
다양한 사역을 할 수 있다.

⸂⸂⸂ 교회학교 온라인 예배 방법

코로나19로 갑작스러운 예배 환경의 변화 속에서도 아이들을 사랑하는 교역자와 교사들은 다양한 교육 방법을 개발하여 어려움을 이겨 나가고 있다. 그중에는 앞으로 현장 예배가 회복된 후 교회학교 사역을 한 단계 높일 수 있는 좋은 아이디어도 많다.

●● 온라인 예배

현장 예배가 불가능해지면서 가장 먼저 시도된 예배 방법이 온라인 예배다. 처음에는 소수의 교역자와 교사들이 예배 실황을 녹화한 후 유튜브 등을 통해 예배를 송출했다. 그러다가 현장 예배와 온라인 예배를 병행하게 된 후에는, 예배 실황을 유튜브 라이브 스트리밍(Live Streaming)이나 프리즘 라이브(Prism Live)를 통해 현장감 있게 송출하여 가정에서도 예배에 함께 참여하도록 하고 있다. 대부분의 교회가 이 방법을 사용하고 있다.

최근에는 녹화된 예배 실황 영상을 재가공(편집)하여 현장 예배에 참여하지 않은 어린이들에게 파일로 보내 주기도 한다. 10세 이하 어린이들을 대상으로 하는 부서에서는 예배 실황 중계나 설교로는 관심을 끌기가 쉽지 않다. 따라서 교역자와 교사들이 매주 성극, 콩트, 뮤지컬 등을 활용한 예배 영상을 제작하여 송출하거나 주중에 카카오톡을 이용하여 파일을 보내 주기도 한다. 고학년 어린이의 경우 영상 자료에 직접 출연하도록 하는 것도 효과적이다. 또는 성경 봉독, 공중기도, 특송, 특별한 프로그램 등의 영상을 학생들이 직접 제작하여 제출하게 할 수 있다. 특히 광고 영상은 목적과 내용을 제공해 주고 학생들이 직접 제작하게 하면 효

과적이다. 이처럼 온라인 예배에는 장비와 기술, 전문
가 확보가 관건이다.

●● 온라인을 통한 말씀 Q&A 및 예배 참여

온라인 예배를 마친 후, 2부 순서로 그날의 설교 내용
에 대한 소감과 질의응답 시간을 갖기도 한다. 평소 오
프라인 예배에서는 시간과 공간의 제약이 많아 시도
하기가 어려운 일인데, 유튜브 같은 온라인에서는 채
팅방이나 댓글 기능을 통해 자유롭게 대화의 시간을
가질 수 있다.

교회학교 아이들이나 부모들은 대부분 카카오톡을
이용한다. 그러므로 교역자나
교사는 수시로 문자, 보이스
톡, 페이스톡을 통해 심방, 기
도, 대화 등 다양한 사역을 할
수 있다. 또한 가족들이 함께
예배하는 모습을 촬영해 SNS

유튜브 같은 온라인에서는 채팅
방이나 댓글 기능을 통해 자유롭
게 대화의 시간을 가질 수 있다.

에 게시하도록 할 수도 있다. 블로그나 페이스북에 공간을 만들어 사진과 그날 받은 은혜를 적어 공유하는 것도 좋은 방법이다.

또한 교회 소식, 예배 순서, 교육 자료 등을 PDF파일로 만들어 학생들에게 미리 보내 줌으로써 주일예배를 잘 준비하도록 도울 수도 있다. 이는 앞으로 오프라인 예배로 회복된 후에도 활용할 수 있는 아이디어다.

◦◦ 온라인 소그룹 활동

화상회의 플랫폼을 이용하여 공과공부, 성경공부, 제자훈련 등 소그룹 활동을 해 보자. 교사 회의도 이 방법을 활용하면 된다. 줌(ZOOM), 구글 밋(Google Meet), 카카오톡 라이브, 유튜브 스트리밍 등을 이용하면 얼굴을 보면서 대화를 할 수 있다. 화상회의 방식을 이용한 성경공부는 영상 기능 활용과 자료 제공이 손쉽고, 명확한 설명도 가능하며, 대화 내용을 녹화하여 다시 볼 수 있어 효과적이다. 쌍방향 소통도 자유롭다.

또한 소그룹 안에서 온라인 특강도 가능하다. 오프라인 상황에서는 외부 강사를 초청하기가 쉽지 않다. 시간적, 공간적 제한이 많기 때문이다. 그러나 유튜브 같은 시스템을 활용하면 멀리 있는 강사를 영상으로 초대하여 인터뷰를 하거나 강의를 들을 수 있다. 시청자는 자기 모바일을 통해 보고, 초청 강사는 자신이 있는 곳에서 모바일이나 컴퓨터 카메라로 자신을 비춰 주면, 모두가 한 영상에서 만나 대화를 할 수 있다. 진행자가 특정 인물을 직접 만나 인터뷰를 하면서 이를 중계할 수도 있다. 시청자들은 댓글을 통해 질문을 할 수 있다.

●● 퀴즈 데이

성경 본문을 미리 알려 주어 아이들이 성경을 읽게 해 보자. 매주 하루 요일을 정해 SNS를 통해 퀴즈를 풀게 하는 방법이다. 개인전도 좋지만, 그룹을 나누고 시상을 해도 좋다. 1승, 2승, 3승으로 계속 발전할 경우 더

푸짐한 상을 제공함으로써 동기 부여할 수 있다. 특별히 교사가 학생을 직접 만나 교회학교 활동 참여를 독려하거나 시상하기가 어렵기 때문에 카카오톡의 기프티콘을 이용하여 선물을 전달하면 효과적이다. 기프티콘은 가격이나 선택 종류가 다양한 데다 모아서 한번에 사용할 수 있어 아이들이 선호한다.

●● 드라이브 스루(Drive-through)

드라이브 스루는 차를 운전하는 상태로 음식점에서 주문하고 물품을 받아 가는 방식이다. 차에서 내리지 않아도 되고, 사람을 직접 만나지 않아도 되어 코로나19 상황에서 많이 응용하고 있다. 걸어서 하는 방식은 워킹 스루(Walking-through)라고 한다. 우리말로 드라이브 스루는 '차타고 검진' 또는 '승차 검진'으로, 워킹 스루는 '걸어서 검진'으로 부른다.

교회에서도 교사와 학생이 예배당에서 대면할 수가 없기 때문에 교역자나 교사가 학생의 집을 방문하여

문 앞에서 선물이나 교재를 전달하는 방법을 활용하고
있다. 반대로 예배당 앞 일정한 장소에 선물이나 교재
등을 비치해 두고 학생이 찾아가도록 하기도 한다. 부
활절, 어린이주일에 특히 많이 시도된 방법이다.

19

교사에게
필요한 태도

교사의 언어는 배우는 이들,
특히 아이들에게는
일생의 언어가 될 수도 있다.

교사의 세 가지 죄악

얼마 전 어느 노회에서 교사들을 대상으로 '맛있는 교사 세미나'를 진행했다. 주제는 '더 잘 가르치는 교사'였지만, 주최 측에서 흥미로운 타이틀을 내세웠다. 첫째 날은 '애피타이저'로, 둘째 날은 '메인 디너'로, 마지막 날은 '디저트'로 부제를 붙여 세미나를 '맛있게' 진행했다. 특히 모두가 참여하는 오픈 채팅 방식을 활용해 좋은 반응을 얻었다. 교사들에게도 흥미, 공감, 관심사는 참 중요한 요소다.

교사들에게 '좋은 교사'와 '나쁜 교사'의 차이는 무엇인지 질문해 봤다. 사실 나쁜 교사가 어디 있겠는가? 모든 교사가 고맙고 훌륭한 분들인데. 그래도 학생들의 입장이 되어 한번 생각해 보자며 채팅 방에 답변을 올려 달라고 해서 공유했다.

'피자를 잘 사 준다, 공과 공부를 일찍 끝내 준다, 재미있다, 준비를 잘해 온다, 사랑이 많다, 말이 잘 통한다' 등을 좋은 교사의 특징으로 들었다. 반면 '공과 공부가 지루하다, 꼰대다, 말이 많다, 화를 낸다, 혼을 낸다, 하지 말라고 한다, 명령을 한다' 등을 나쁜 교사의 특징으로 들었다.

가르치는 이들이 저지르기 쉬운 죄악 세 가지가 있다. 첫 번째 죄악은 가르침에 의미와 재미(공감)가 없는 것이다. 의미는 있는데 재미가 없다면 메시지가 청중의 마음으로 들어가기 어렵다. 그래서 주례 없는 결혼식이 늘어나는 것이다. 재미는 있는데 의미가 없다면 오락으로 전락하기 쉽다. 의미도 없고 재미도 없다면 죄악이다. 교육은 의미도 있어야 하지만, 재미도 있어야 효과적이다.

쉬운 것을 어렵게 가르치는 것이 두 번째 죄악이다. 교사는 쉬운 것은 더 쉽게, 어려운 것도 쉽게 가르쳐야 한다. 그럼에도 불구하고 쉬운 것을 어렵게, 어려운 것을 더 어렵게 가르친다면 크나큰 죄악이다. 전달 방법(교수 방법)을 개선해야 한다.

공부하지 않고 가르치는 것은 세 번째 죄악이다. 공부하지 않고 가르치는 이들은 자신감 없는 목소리와 표정으로 교재를 읽거나, 횡설수설 하다가 시간을 제대로 지키지 못한다. 늘 같은 소리(어휘)만 한다. 비평가 같은 청중은 이를 금세 알아차리고 눈과 귀를 다른 데로 돌려 버린다.

'들을 귀'가 있어 교회에 나온 이들이 잘 들을 수 있도록 메시지를 전해야 할 책임이 교사들에게 있다. "하루 연습을 거르면 자신이 알고, 이틀을 빠지면 비평가가 알며, 사흘을 안 하면 청중이 안다"는 말이 있다. 충분한 말씀 묵상과 기도, 독서와 사색, 연습(리허설)으로 준비하자. 짧은 메시지일수록 더 많은 준비를 필요로 한다.

⟪ **교사의 언어가 학생에게는 일생의 언어가 된다**

언젠가 어느 교사가 설교 중에 '구속'(救贖)을 '구속'(拘束)
으로 잘못 가르치기에 바로잡아 준 적이 있다. 성경의
가르침은 곧 교회의 정체성이다. 따라서 절대로 왜곡하
거나 가감해서는 안 된다. 그리고 그 시대 언어로 정확
히 표현해야 한다. 그렇지만 2천 년 전에 다른 언어(문화)
권에서 전승된 내용을 정확히 이해하고 표현하기란 사
실상 불가능하다. 그럼에도 불구하고 우리는 주님의 가
르침을 바로 알고 바로 전하기 위해 계속 노력해 나가
야 한다.

아이들과 직접 소통하고 복음을 가르치는 교사의 영
향력은 거의 절대적이라 할 수 있다. 교사의 언어는 배
우는 이들, 특히 아이들에게는 일생의 언어가 될 수도
있다. 그리고 신앙관 형성에도 적지 않은 영향을 끼칠
수 있다. 그러므로 가르치는 이들은 두 가지를 주의해
야 한다.

첫째, 복음의 정체성을 지키기 위해 노력해야 하며,

중요한 교리 언어는 정확하게 알고 있어야 한다. 적어도 '축복'과 '복', '성전'과 '예배당', '안식일'과 '주일' 같은 용어들은 뜻을 제대로 구분해 사용하면 좋겠다.

둘째, 이 시대 표준어법을 사용해야 한다. 일상에서 표현을 잘못하는 경우가 많은 것처럼 교회 안에서도 교회 밖 사람들이 이해하기 어렵거나 잘못된 표현들을 많이 사용하고 있다. 예를 들면, '성경말씀을 봉독해 올리겠습니다, 설교 말씀이 계시겠습니다, 예배를 본다, 기독교를 믿는다, 아무개 형제(자매), 감사하신 주님' 등과 같은 표현이다.

또한 성부 하나님이 아니라 성자 예수님을 부르며 기도를 시작하는 것과 학생들 앞에서 교사 자신을 '선생님'으로 칭하는 것, 회중 앞에서 자신을 '내가'라고 지칭하는 것, 주기도문이나 성경말씀을 읽으며 기도를 시작하는 것, '기도합니다'가 아니라 '기도했습니다'로 기도를 마무리하는 것, '비신자'를 굳이 '불신자'라고 하는 것, 예배 '인도자'를 '사회자'라고 하는 것 등은 소통을 방해하는 잡음이니 바르게 다듬어야 한다. 공과 교재, 주보, 전도지 등에 이런 사례가 적지 않다.

교사의 언어는 전화선과 같다. 선이 불량하면 소통이 어려워지거나 왜곡된다. 교사는 무엇보다도 복음의 정체성을 바로 이해해야 한다. 그리고 복음의 정체성을 잘 담고 있고, 누구나 쉽게 이해할 수 있는 바른 표현법을 익혀야 한다.

20

지속적인 관심은
소통의 끈이다

1분 기도는 학생의 삶을
변화시켜 줄 수 있는
훌륭한 교수 방법이다.

ᕀ 찾아가는 교육 – 1분 전화 기도

프롤로그에서 '교육=육교'라고 비유한 적이 있다. 육교
는 여기에서 저기로 건너가게 해 준다. 교회 교육은 삶
을 변화시켜 주는 것이다. 다시 말해 자기중심적 삶을
하나님 중심적 삶으로 전환시켜 주는 것이다.

결혼과 결혼 생활이 다른 것처럼, 신앙과 신앙생활
은 전혀 다르다. 순간의 선택이 평생을 좌우한다는 말
처럼 결혼은 짧은 시간 내에 이뤄질 수 있지만, 결혼
생활은 평생 동안 이뤄진다. 결혼식 주례 역할은 쉬워
도, 한 부부의 결혼 생활 멘토 역할은 길고도 어렵다.

필자가 교수들에게 교수법을 강의하면서 늘 강조
하는 게 있다. '수업은 강의가 아니다!' 강의는 수업

의 일부분에 불과하므로 강의에만 의존해서는 효과가 적다는 의미다. 학습자를 수업에 참여시키고 교수와 학생, 학생과 학생이 상호작용하면서 스스로 체험하게 해 자기 주도 학습을 이루게 해야 효과가 있다. 지식 중심의 학교 교육도 그러하거늘, 삶의 변화를 추구하는 교회 교육이 '일방적인 강의' 방식에 안주한다면 걱정스러운 일이 아닐 수 없다. 삶에 큰 변화를 주지 못하는 교양강좌 같은 것은 유튜브에 수북이 쌓여 있지 않은가?

학교와 달리 교회는 교사와 학생(성도)이 함께 하는 시간이 한 주간에 한두 시간에 불과하다. 그러다 보니 신앙생활은 고사하고 신앙을 가르치기도 어렵다. 그럴수록 교사는 학생의 삶 속에 적극적으로 뛰어들어야 한다. 그래야 그의 삶에 변화를 줄 수 있다. 아울러 학생이 자신의 삶에서 구체적으로 적용하고 실천해 볼 수 있는 실천 계획(Action Plan)도 꾸준히 제시해 줘야 한다.

평일에 학생과 소통하는 좋은 방법 하나를 소개한

다. 필자가 직장 생활을 할 때 가끔 전화를 걸어 기도로 응원을 해 주던 목회자가 있었다. 대뜸 전화를 걸어 "지금 시간 되죠?"라고 묻고는 1분 정도 기도를 해 주곤 했다. 사

교사는 학생의 삶 속에 뛰어들어야 한다. 아울러 학생이 자신의 삶에서 구체적으로 적용하고 실천해 볼 수 있는 실천 계획도 꾸준히 제시해 줘야 한다.

실 신앙생활을 하기에 가장 어려운 '땅 끝'은 일터다. 그곳에서 정신없이 일하며 지쳐 있는 영혼을 찾아 위로해 주는 1분 기도는 삶에 활력소가 아닐 수 없다. 필자가 아는 어느 교사도 그렇게 한다. 매주 토요일 저녁마다, 무려 3년간이나.

1분 기도는 학생의 삶을 변화시켜 줄 수 있는 훌륭한 교수 방법이다. 1분 기도는 삶의 현장에 하나님이 동행하고 계심을 새삼 깨닫게 해 준다. 교사의 사랑도 깊이 체험할 수 있다. 그리고 신앙생활의 현장이 어디인지를 새삼 깨닫게 해 준다.

교사가 자기 목소리로, 오직 나를 위해 기도해 줄 때 아이들은 무엇을 느낄까? 궁금하다면 일단 한번 해 보

기 바란다. 학생들을 모아 놓고 한꺼번에 동일하게 가
르치려 하기보다, 일대일로 찾아가는 교육, 1분 전화
기도를 시도해 보자.

21

'다음 세대' 아닌
'이번 세대'를
고민하라

학년의 벽을 깨고 전체가
형, 누나, 동생이 되는 공동체를
이뤄야 한다.

ᏟᏋᏋ 벽을 허문 청소년 공동체로

교회마다 '다음 세대' 확보에 비상이 걸렸다. 취업과 자녀 양육의 어려움, 맞벌이 증가 등으로 결혼 포기, 출산 기피가 늘어나면서 학교도 교회도 아이들이 급격히 줄어들고 있다. 게다가 청년층마저 교회를 빠르게 떠나고 있다. 교회마다 아이들을 모으는 것은 고사하고 떠나가는 이들을 붙잡지도 못하고 있다. 그들은 왜 떠나는가? 그들을 어떻게 붙잡을 것인가? 청소년들을 '이번 세대'로 세워야 한다. 세상은 젊어지는데 교회는 너무 늙어 가고 있다. 교회가 늙으면 청소년들은 떠나간다. 골든타임이 얼마 남지 않았다.

　교회마다 교회학교가 있는데, 대부분 나이를 기준으

로 영아부부터 청년부까지 나
눠서 운영하고 있다. 이는 학
교 시스템 따라 하기다. 교회
교육의 목적이 학교 교육과
같은가? 중2 반과 중3 반의
교육 내용이 다르듯이, 교회

학교 중2 반과 중3 반의 교육 내용도 다른가? 지식 교
육을 기본 목표로 하는 학교를 교회가 왜 그대로 따라
해야 하는지 고민이 필요하다.

교회는 삶의 공동체다. 지금 교회학교는 '학교'도 아
니면서 중등부, 고등부, 대학부, 청년부로 나누고 그 안
에 다시 나이별로 칸막이를 만들어 운영하고 있다. 중
등부 전체 학생들이 "우리는 하나!"라는 인식을 하기
어렵게 돼 있다. 학년의 벽을 깨고 전체가 형, 누나, 동
생이 되는 공동체를 이뤄야 한다. 그래서 서로 도움을
주고받으며 더불어 살아가는 법을 익혀야 한다. '교회
학교 초등부'가 아니라 '초등부 공동체' 또는 '초등부
교회'가 되어야 한다. 공동체의 뜻을 지닌 다른 고유명

사를 사용해도 좋을 것 같다.

지금의 학년 중심 시스템에서 문제가 되는 부분은 고3 학생들이다. 대학 입시에 올인하는 이들은 교회 교육의 사각지대다. 고3이 되면 교회 예배 참석이 쉽지 않다. 학원 시작 시간과 맞지 않기 때문이다. 이들이 1년 후 다시 교회에 복귀할까? 진학에 실패해 재수를 한다면 어떻게 될까?(대학생 중 재수 경험자는 20-30%) 청소년들이 교회를 떠나는 과정이 바로 대학 입시 과정이다. 그래서 몇 가지 제안을 해 본다.

첫째, 고3은 대학부(청년부)로 일찍 올려 보내면 좋겠다. 거기서 이미 같은 경험을 한 선배들의 도움을 받으며 진학을 준비하는 게 더 유익하다. 그래야 진학에 실패하더라도 대학부(청년부) 적응이 쉬워진다.

둘째, 대학부(청년부)는 고3과 재수생이 학원에 갈 수 있도록 주일 아침 일찍 따로 예배를 마련하면 좋겠다. 영락교회 재수생반(베드로반)이 그렇게 하고 있는데 효과가 대단히 좋다.

셋째, 중등부와 고등부는 중1부터 고2까지로 하되

'청소년 교회'나 '청소년 공동체'로 재편하면 어떨까? 학년 기준을 없애고 여러 특성을 섞은 작은 공동체(반)를 구성하면 좋겠다. 대학부나 청년부도 고3과 재수생을 포함해 청년 교회, 또는 청년 공동체로 재편하면 어떨까? 단, 교회는 청소년 공동체나 청년 공동체 담당 사역자에게 많은 권한을 위임해 줘야 한다.

22

교회 교사에게
필요한 '싸가지'

교사에게는
영성, 지성, 인성, 사회성이
골고루 필요하다.

✏ 교사의 인성, 영성, 지성, 사회성

"그분이 어떤 사람은 사도로, 어떤 사람은 예언자로, 어떤 사람은 복음 전도자로, 또 어떤 사람은 목사와 교사로 삼으셨습니다"(엡 4:11, 새번역 성경). 교회는 예배, 교육, 선교, 봉사 등 여러 기능을 갖고 있다. 그래서 여러 직분이 있다. 그중에서도 가르치는 일은 매우 중요하다.

현대 교회에서는 사도, 예언자, 전도사, 목사, 교사, 모두 다 가르치는 사람이다. 그래서 교회에는 교사가 많다. 교회학교 교사들만 교사가 아니다. 설교하는 목회자, 구역이나 다락방에서 성경공부를 인도하는 이들, 장년층을 대상으로 여러 강좌를 진행하는 이들, 교회 문화센터 강사들도 다 교사다. 찬양대 지휘자도 교사이고, 자녀를 기르는 부모들도 다 교사다. 교회는 가르침과 배움을 통해 주님의 사역을 이루어 나간다.

어떤 사람이 교회 교사가 되어야 하는가? 필자는 교사가 갖춰야 할 네 가지를 제시하고 싶다. 첫째는 영성으로, 교사는 하나님과 영적으로 깊이 소통하는 그리스도인이어야 한다. 둘째는 지성으로, 교사는 진리와 허위를 분별할 수 있어야 한다. 셋째는 인성으로, 교사는 다른 사람으로부터 존경받을 만해야 한다. 넷째는 사회성으로, 교사는 이질적인 사람과도 소통하며 더불어 살아갈 수 있어야 한다.

이 네 가지 키워드는 의자의 네 다리와 같아서 어느 하나라도 짧으면 넘어지기 쉽다. 다른 덕목은 좋은데 영성이 부족한, 인성이 부족한, 지성이 부족한, 사회성이 부족한 교사는 부족한 부분을 갖추기 위해 노력해야 한다.

'싸가지'라는 말이 있다. 이 말은 새싹의 여린 모가지를 뜻하는 '싹아지'에서 나왔다고도 하고, '인·의·체·지', 이 네 가지를 뜻하는 말이라고도 한다. 교회에서 가르치는 이들에게도 '싸가지'가 필요하다. 영성, 지성, 인성, 사회성, 이 네 가지가 골고루 필요하다.

●● 인성, 먼저 사람이 되라

요즘 인성이 왜 중요한지를 새삼 깨닫게 된다. '사람 같지 않은 사람들'이 사회적으로 큰 충격을 주고 있기 때문이다. 그런 사건들에서 기독교인이 주연 역할을 하는 경우도 많아 우리를 안타깝게 한다. 심지어 교사 중의 교사라 할 목회자가 잘못된 언행으로 지탄을 받기도 한다. 이런 일들은 교인들을 부끄럽게 하고 전도의 문을 막아 버린다.

인성(character, personality)은 사람의 성품, 각 개인의 사고와 태도, 행동의 특성을 가리킨다. 인성이 좋은 사람은 정직하고, 남을 배려하고, 남들과 협력할 줄 안다. 또 자신의 생명처럼 남의 생명을 존중하고, 공공자원이나 환경도 보호한다.

인성 좋은 사람이 '남 먹여 살리는 사람'이라면, 인

성 나쁜 사람은 '남 잡아먹는 사람'이다. 우리가 가정과 학교에서 아이들에게 좋은 성품을 길러 줘야 하는 이유가 여기에 있다. 그러나 요즘 부모와 교사들은 공부나 성적에만 관심을 기울인다. 아이들에게 인성을 가르칠 곳은 이제 교회뿐이다. 좋은 인성을 갖춘 사람을 교사로 세워야 한다. 인성은 건물의 기초와 같다.

●● 영성, 하나님과 깊이 소통하라

교사가 인성과 함께 구비해야 할 것은 영성이다. 과연 영성이란 무엇인가. 사전적 의미는 '신령스러운 품성이나 성질'인데, 바로 와닿지 않는 설명이다. 인성은 주변 사람들이 어느 정도 평가할 수 있지만, 영성은 하나님만이 평가하실 수 있기에 설명하기 어려운 것 같다. 영성이 깊은 사람이란 하나님과 깊이 소통하는 사람, 그래서 하나님을 깊이 아는 사람이라고 설명하고 싶다.

교사가 하는 가장 중요한 일은 학생이 하나님을 깊

이 알고 그 말씀대로 살아가
도록 돕는 것이다. 그렇다면
교사는 신앙생활의 교과서인
성경말씀을 깊이 묵상하고 연
구해야 한다. 그리고 베드로
처럼 "주는 그리스도시요 살

교사가 하는 가장 중요한 일은 학습자가 하나님을 깊이 알고 그 말씀대로 살아가도록 돕는 것이다. 그렇다면 교사는 신앙생활의 교과서인 성경말씀을 깊이 묵상하고 연구해야 한다.

아 계신 하나님의 아들이시니이다"(마 16:16)라는 자기만
의 고백을 할 수 있어야 한다. 나아가 그분의 말씀대로
살아가야 한다. 그러나 그런 교사를 발굴하기란 쉬운
일이 아니다.

교사 생활을 하다 보면 신앙이 좋아진다면서 교사
직분을 권유하기도 하는데, 교사는 가르치는 사람이지
배우는 사람이 아님을 명확히 해야 한다. 아무리 교사
할 사람이 부족하더라도 영성이 없는 사람을 교사로
세우는 것은 위험한 일이다.

열매를 보면 나무를 아는 법이다. 인성과 영성을 갖
춘 사람에게는 다음과 같은 열매들이 있다. 사랑, 기쁨,
화평, 인내, 친절, 선함, 신실, 온유, 절제(갈 5:22-23). 이

런 열매를 맺는 인재를 발굴해 가르친 후 교사로 세워야 한다.

●● 지성, 진짜와 가짜를 구별하라

"① 나는 하루에 커피를 5잔 마신다. ② 나는 한 달에 한 권씩 책을 읽는다. ③ 나는 이중 국적자다. ④ 나는 지금까지 30회 정도 헌혈을 했다. 이 중 가짜를 하나 찾아내라." 이처럼 3개의 진짜와 1개의 가짜 중 가짜를 찾아내게 하는 게임을 '진진진가'(眞眞眞假)라고 한다. 1인 미디어 시대여서일까? 전 세계적으로 가짜 뉴스가 기승을 부린다. 이제 '진진진가' 게임도 4개 중에서 1개의 진짜를 찾아내는 '진가가가'로 바꿔야 할 것 같다.

가짜가 판을 칠 때에는 진짜를 찾아내는 감별 능력이 절실해진다. 미세먼지와 바이러스를 걸러내는 마스크가 필수품이 되었듯이, 이제는 가짜 뉴스를 걸러내는 팩트 체크가 필수 능력이 되었다. 팩트 체크의 필터는 지성이다. 학문의 세계에서는 비판적 사고와 토론으로 가짜를 걸러낸다. 그러나 우리나라 기독교 신앙 세계에서는 지성이 잘 안 통한다.

지성이 있어야 진짜와 가짜, 옳고 그름을 제대로 구별할 수 있다. 지성은 학력(學歷)이라기보다는 학력(學力)이고, 지식이라기보다는 지혜다. 지성은 독서와 사색 같은 학습 활동을 통해 시작된다. 그리고 끊임없는 자성, 비판적 사고, 질문, 토론을 통해 성숙한다. 안타깝게도 우리 교회 교육에서는 이를 찾아보기 어렵다.

'메타인지'라는 용어가 있다. 자기가 무엇을 알고 무엇을 모르는지를 아는 것을 뜻한다. 메타인지가 있는 사람은 모르는 것을 알기 때문에 겸손히 학습하지만, 그렇지 못한 사람은 우물 안 개구리처럼 자신이 모든 것을 아는 줄 알고 우쭐댄다. 사실과 인식을 구분하지 못하니 대화도 되지 않는다. 요즘 우리 사회에서 난무하는 막말, 아전인수, 적반하장, 독선 등 실언은 바로 지성 결핍의 산물이다.

지성은 높은 데서 낮은 데로 흐른다. 지성의 수위를 높여야 잘 가르칠 수 있다. 교사는 가짜 지식이나 자기 인식을 학습자 머리에 일방적으로 주입해서는 안 된다. 그렇게 배운 학습자는 가짜의 먹잇감이 되기 쉽다. 성경책 옆에 사전, 세계사 책을 함께 펴 놓고 토론하며 신앙을 가르쳐야 한다. 그래야 그들도 진짜와 가짜를 구별할 수 있게 된다. 교사는 인성과 영성, 그리고 지성을 함께 키워야 한다.

●● **사회성, 주파수를 맞추라**

어린아이는 낯가림을 한다. 앞에 있는 사람이 자신과 다르다는 사실을 인식하기 때문이다. 낯선 사람에게 낯가림을 하지 않는 사람이 사회성이 있는 사람이다. 나와 다른 사람과도 소통할 수 있느냐는 중요한 문제다.

마케팅 용어 중에 '진실의 순간'(MOT: Moment of Truth)이라는 말이 있다. 첫 만남, 짧은 순간에 모든 게 드러나고 그대로 기억된다는 뜻이다. 사람은 오래 사귀어 봐야 안다는 말도 있지만, 첫인상은 잘 지워지지 않는다. 훌륭한 사회인이 되려면 첫 만남 후 인사를 '굿바이'(Good bye)가 아니라 '씨 유 어게인'(See you again)으로 할 수 있어야 한다. 또 긴장되고 어색한 첫 만남의 관계를 친밀감이 형성되는 라포(rapport) 관계로 전환할 수 있어야 한다.

교육은 결국 소통 활동이다. 그러므로 교사는 사람을 친절히 대하는 태도가 몸에 배어 있어야 한다. 사회성은 이질적인 사람들과의 접촉에서 길러진다. 그리고 사람과 사람 사이의 존중, 경청, 공감, 역지사지, 배려, 공유, 협력 같은 것을 깊이 체험해야 한다. 그래야 다른 사람 주파수에 내 다이얼을 맞출 수 있게 된다.

가정과 교회에서 소통의 연결 고리를 만들라

· · · · ·

● 교회에서 배운 내용을 가정에서도 연결시킬 수 있도록 가
정용 교재를 마련해 주면 효과적이다.

● 온라인 예배가 점점 활발해지는 이때 말씀 Q&A, 온라인
소그룹, 예배 참여 방법 등 온라인 예배를 구체적으로 준
비해야 한다.

교사의 마음을 아이들도 느끼게 해 주자

• • • •

● 1분 기도처럼 교사가 아이를 위해 기도하거나, 카카오톡을 통해 삶에서 구체적으로 적용해 볼 수 있는 작은 실천 계획도 제시해 주면 좋다.

● 교회 교육은 결국 소통 활동이다. 원활한 소통을 위해 말씀 묵상과 기도, 독서와 사색, 연습으로 준비하자.